MODOS DE PRODUÇÃO NO BRASIL

ESCRAVIDÃO E FORMA JURÍDICA

JONATHAN ERKERT

MODOS DE PRODUÇÃO NO BRASIL

ESCRAVIDÃO E FORMA JURÍDICA

DIREÇÃO EDITORIAL:
Marlos Aurélio

CONSELHO EDITORIAL:
Fábio E. R. Silva
Márcio Fabri dos Anjos
Mauro Vilela
Ronaldo S. de Pádua

COORDENADOR DA SÉRIE:
Alysson Leandro Mascaro

Série Direito & Crítica

COPIDESQUE E REVISÃO:
Luiz Filipe Armani
Pedro Paulo Rolim Assunção

DIAGRAMAÇÃO E CAPA:
Tatiana Alleoni Crivellari

ILUSTRAÇÃO DA CAPA:
Talhe da nação
Gravura de Alysson Leandro Mascaro

Todos os direitos em língua portuguesa, para o Brasil,
reservados à Editora Ideias & Letras, 2018.

1ª impressão

Rua Barão de Itapetininga, 274
República - São Paulo/SP
Cep: 01042-000 – (11) 3862-4831
Televendas: 0800 777 6004
vendas@ideiaseletras.com.br
www.ideiaseletras.com.br

Dados Internacionais de Catalogação na Publicação (CIP)
(Câmara Brasileira do Livro, SP, Brasil)

Modos de produção no Brasil: escravidão e forma jurídical
Jonathan Erkert
São Paulo: Ideias & Letras, 2018.
Bibliografia.
ISBN 978-85-5580-049-8
1. Brasil - Condições econômicas - Historiografia 2. Capitalismo
3. Direito - Filosofia - Brasil 4. Escravidão - Brasil - História
5. História do Brasil 6. Marxismo 7. Produção (Teoria econômica)
I. Mascaro, Alysson Leandro. II. Título III. Série.

18-19138   CDD-330.981

Índice para catálogo sistemático:
1. Brasil: Modos de produção e forma jurídica: Economia: História 330.981

À luta do Instituto Luiz Gama

SUMÁRIO

PREFÁCIO	9
APRESENTAÇÃO	15
INTRODUÇÃO	17

1. HISTÓRIA DO BRASIL COLONIAL: DA FATUALIDADE ÀS CATEGORIAS SOCIOLÓGICAS — 21
1.1. Os primórdios da historiografia brasileira — 21
1.2. O patriarcalismo e a aristocracia: a classe senhorial como foco de análise — 25
1.3. O escravo como "coisa" — 32

2. NATUREZA ECONÔMICA DA HISTÓRIA BRASILEIRA: A SOCIEDADE COLONIAL CAPITALISTA — 41
2.1. O modelo interpretativo de Caio Prado Júnior — 45
2.2. As críticas ao modelo pradiano — 52
2.3. O escravo como "ator social" — 61

3. O CONCEITO DE MODO DE PRODUÇÃO COMO FERRAMENTA DAS INTERPRETAÇÕES DA FORMAÇÃO BRASILEIRA: A ESPECIFICIDADE DO ESCRAVISMO COLONIAL — 67
3.1. Modo de produção dependente e escravista colonial: Ciro Cardoso e Jacob Gorender — 70

3.2. Sobre a brecha camponesa: os conceitos
de modo de produção e formação social — 109
3.3. O escravo como "sujeito de direito"? — 126

CONCLUSÃO — **135**
REFERÊNCIAS — **141**

PREFÁCIO

Deve-se a Marx a mais avançada proposição sobre as determinações sociais. A maneira pela qual os seres humanos articulam materialmente a produção de sua vida, envolvendo os tipos de liames que os jungem, a divisão do trabalho, a apropriação dos bens e riquezas, tudo isso pode ser condensado no conceito de *modo de produção*. Escravismo, feudalismo e capitalismo, referenciando-se, respectivamente, ao trabalho vinculado mediante força, à servidão e ao contrato assalariado, são alguns de seus exemplos. No entanto, não é o esquema nomeador que revela a realidade material; o procedimento deve ser o contrário. Embora haja matrizes determinantes, no devir da história, as sociedades enraízam-se em múltiplas articulações da produção e do trabalho. Por isso, em muitas ocasiões, verificam-se condições particulares a partir de regiões, povos, Estados, ambientes. O modo de produção tem que ser pensado com base nas sociabilidades em que se funda e suas situações. Transições, coexistências, hibridismos e, mesmo, relações de produção próprias daí resultam. Trata-se, aqui, de compreender os modos de produção a partir das *formações sociais*.

Na contemporaneidade, a força da mercadoria, que a tudo e todos atravessa, deu proeminência à exploração capitalista a partir das burguesias que se erigiram no solo europeu e estadunidense – o noroeste do mapa do globo terrestre conforme é costumeiramente representado. Também por este olhar europeu/estadunidense costuma-se narrar uma certa história evolutiva dos modos de produção, que sairia da pré-história para então organizar-se sob forma escravista e, depois, nos escombros deste, de maneira feudal e, daí por fim, de modo capitalista. Para alguns, como Hegel, aqui estaria uma linha de progresso da história. Marx, no entanto, em sua vasta obra, até chegar em *O Capital*, anuncia outras lembranças, incômodas ao quadro linear das superações seriais. Pela sua própria exposição, Marx aponta para um modo de produção asiático, cujas especificidades deveriam ser estudadas para dar conta da materialidade dos sistemas de organização econômica, política e de trabalho de várias das sociedades orientais. Com isso, já vai se rompendo uma história centrada nas lentes somente europeias. Além disso, o capitalismo não é o apogeu da história. O Estado, o direito, a liberdade negocial, a igualdade formal e a propriedade privada não são as instituições de alguma razão absoluta que superou a tudo e chegou ao seu auge sem que mais exista. Há contradição e crise no capitalismo; há a luta da maioria explorada. O socialismo descortina-se para além do próprio modo de produção hodiernamente dado.

Com Marx, vislumbra-se a sequência entre pré-história, escravismo, feudalismo e capitalismo como meramente exemplificativa, sem ser tomada como rol taxativo. Não se trata, aqui, de *numerus clausus* da organização produtiva da sociabilidade. Por isso, as mais sofisticadas leituras do marxismo, em especial no século XX, ocuparam-se em compreender os modos de produção a partir de realidades e circunstâncias distintas daquelas de uma certa linearidade europeia. A história da América é uma dessas articulações divergentes. E, no que nos toca mais diretamente, a história do modo de produção no Brasil guarda especificidades que demandaram um conjunto de reflexões de importância decisiva.

Houve, pelo século XX, debates de grande monta sobre os modos de produção no Brasil. Se na primeira metade do século os seus polos se distribuíam pela dicotomia feudalismo *versus* capitalismo, na sua segunda metade se propunham a descobrir a efetividade e os contornos do capitalismo e da escravidão no território brasileiro. Trata-se de uma inquirição sobre a colônia, sobre o Império que ainda era escravista até o estertor, mas também sobre a República, dado que só com Vargas há de se instituir, majoritariamente, o assalariado.

Jonathan Erkert, neste livro, sistematiza e delineia pontos decisivos do debate brasileiro. Bebendo das fontes pioneiras acerca da natureza do modo de produção no Brasil – desde os pensadores iniciais da historiografia brasileira até chegar ao momento da reflexão da primeira metade do século XX, na qual desponta Caio Prado Júnior –, Erkert chegará depois às mais decisivas reflexões a respeito, que se deram em especial na década de 1970 com Ciro Flamarion Cardoso e Jacob Gorender. Aqui, o marxismo alcançou uma espécie de estado da arte a respeito da formação social brasileira e suas determinações. Brecha camponesa e escravismo colonial tornam-se o pano de fundo de um cenário teórico onde antes só havia discussão sobre capitalismo desde sempre ou capitalismo sucessor do feudalismo em terras que não conheceram feudos.

Erkert aporta, para tal estudo, uma contribuição fundamental: o *direito* será a chave com a qual se lerá a natureza dos modos de produção no Brasil. Mas isto não como mera interpretação das normas jurídicas no decorrer da história nacional. Trata-se do aporte da mais refinada leitura acerca da forma jurídica, que, fundando-se em Marx e em Pachukanis, compreende a materialidade do fenômeno jurídico não numa normatividade do direito posto, e sim na forma de subjetividade jurídica. O sujeito de direito, em sua nucleação concreta, advém da condição de igualdade e autonomia da vontade para vínculos, o que permite a equivalência de tudo e todos. Investigar os modos de produção pelo ângulo da forma de subjetividade jurídica é observar não apenas as declarações normativas – como a do 13 de maio de 1888 –, mas mesmo as práticas, brechas, interstícios e vazios (pré e pós-libertação normativa dos escravos) das maneiras de engendrar a produção e as relações sociais no Brasil.

O desenvolvimento do trajeto de Erkert chega até a propor a investigação da subjetividade jurídica no próprio seio da escravidão. Ao estabelecer tal pergunta e tal possibilidade, este livro já se alça para além do discurso jurídico e institucional óbvio que busca reduzir o direito à norma posta pelo Estado. A abertura de perspectivas, no caso concreto e central do modo de produção no Brasil, alinha-se, assim, com o mesmo procedimento que a crítica marxista do direito opera quando se ocupa em refundar uma teoria geral do direito por um ângulo de uma materialidade social dos vínculos. A superação do juspositivismo enseja miradas e problemas sobre o direito e sua história que a tradição nunca alcançara.

Jonathan Erkert oferece, com este livro, uma importante reflexão para o campo do direito, da economia, da história e das ciências humanas. Acompanho há muito sua trajetória, desde os tempos em que foi meu aluno de graduação até seu mestrado – que deu base à presente obra – e seu doutorado, ambos orientados por mim. É característico de sua capacidade teórica o avanço por campos e temas inovadores e decisivos para a compreensão da sociedade presente. Advogado, professor universitário e pesquisador de grande gabarito, tendo sempre por seu horizonte a crítica e a luta, Erkert revela as qualidades de um alto intelecto com as do convívio e da fraternal amizade.

Ao público leitor, as proposições sobre os modos de produção na história brasileira, na esperança de outros brasis e outras sociabilidades.

São Paulo, 2018.

Alysson Leandro Mascaro
Professor da Faculdade de Direito da USP

APRESENTAÇÃO

Busquei com este livro, originalmente minha dissertação de mestrado defendida na área de Direito Político e Econômico, abrir um campo de discussão que rompesse com dois tradicionais problemas nas abordagens teóricas sobre a economia e o direito no Brasil: o economicismo liberal, institucionalista e estéril dos debates econômicos atuais; o juspositivismo liberal e institucionalista que compreende o direito reduzindo-o à norma jurídica. De um lado, busco posicionar o debate sobre a formação brasileira a partir de um referencial crítico avançado e radical – o marxismo e suas vertentes mais recentes, o chamado "novo marxismo" –, aplicando-o ao ponto alto da discussão da segunda metade do século XX a respeito da economia e da sociabilidade no Brasil – em teóricos como Ciro Flamarion Cardoso e Jacob Gorender. De outro lado, pretendo analisar o direito como fenômeno histórico e social por meio de suas melhores ferramentas, como a crítica da forma de subjetividade jurídica, erigida exemplarmente no pensamento de Evgeni Pachukanis. Por esse ângulo, então, ilumina-se a questão da própria formação da subjetividade jurídica no Brasil.

No que tange às ferramentas teóricas marxistas, estão subjacentes a este livro abordagens como a de Louis Althusser ou, tratando do caso econômico brasileiro, de Eginardo Pires. Para o campo do direito e do Estado, perpassam reflexões como as de Márcio Bilharinho Naves e Alysson Leandro Mascaro. Tais pensadores e professores elevaram grandemente a discussão acerca das possibilidades de estudo da nossa formação a partir de categorias de análise que perquirem a fundo a indelével ligação entre as relações sociais de produção e as correspondentes formas sociais jurídica e estatal, correlatas à forma mercadoria no capitalismo. Este avanço proporcionado por tais alicerces categoriais possibilita, inclusive, um salto teórico adiante em contraponto a outras abordagens também baseadas em um materialismo marxiano.

O debate sobre a formação brasileira é já bem assentado. Não é o propósito deste livro retomá-lo à exaustão, mas apenas enquanto exemplo originário, ou mesmo bastante contrastante, em face dos pensadores centrais desta obra. Tanto os pensadores primeiros, como Varnhagen, e marxistas pioneiros, como Caio Prado Júnior, são um horizonte de fundo para então alcançar o que aqui se desenvolve fulcralmente. O debate, da maneira ora apresentado, não é exaustivo inclusive no sentido de que não se debruça totalmente sobre discussões que não apresentaram, no passado, nada além de uma reafirmação de teorias "civilizatórias" europeias e que se reproduziram por estas bandas ou sobre aquelas que tentavam confirmar uma pretensa ordem, necessária e inescapável, de modos de produção previstos e sucessivos.

Meu propósito é poder apontar para questões nodais, tanto econômicas quanto jurídicas, que são amarradas mediante perspectivas teórico-filosóficas. Que este livro possa servir de ponto de partida para tantas outras reflexões críticas sobre o capitalismo, suas instituições e sobre a formação social brasileira. O estudo permanece, assim como a esperança de uma futura sociabilidade não apenas compreendida, mas, também, vivenciada em sua plenitude.

INTRODUÇÃO

A presente obra destina-se a lançar as bases de um estudo que pretende analisar a evolução das estruturas econômicas brasileiras a partir do cotejo de autores marxistas em suas respectivas interpretações sobre a formação do Brasil e, neste sentido, considerar o embrião daquilo que se considera como o "sujeito de direito" dentro da teoria pachukaniana.

Esta análise concentra-se na época do Brasil colônia, um momento em que a estrutura colonial se inseria em um sistema mercantilista de circulação, mas baseava-se em uma produção que se utilizava de trabalho escravo.

Transitando entre interpretações simplesmente ideológicas sobre nossa formação até a utilização de caracteres econômicos e baseados na concreta estrutura colonial para explicá-la, a pesquisa considera as diversas abordagens sobre a conformação da sociedade e da economia brasileiras e conclui que o foco dessa análise deve ser colocado sobre a escravidão, ou seja, sobre as relações de produção que se desenvolviam na colônia, assumindo, portanto, que dentre as diversas interpretações possíveis para a formação brasileira a mais pertinente é a que considera ter havido na colônia um modo de produção historicamente novo, que não pode ser confundido com os de épocas predecessoras, como o feudalismo, tampouco com um ainda inexistente capitalismo.

Algumas interpretações sobre a formação brasileira, por outro lado, privilegiavam a presença da classe senhorial ou da grande propriedade como caracterizantes principais de nossas estruturas sociais e econômicas. No entanto, principalmente nas interpretações marxistas, a presença de um modo de produção escravista colonial faz com que as relações de produção da escravidão tomem um lugar preponderante como ferramenta de análise sobre o funcionamento das estruturas coloniais. Ainda assim, mesmo com este avanço teórico interpretativo, o escravo era por vezes considerado pelos estudiosos apenas como "coisa", mero instrumento de trabalho à disposição de seu senhor, não possuindo qualquer tipo de vontade própria.

Entretanto, com o avanço da pesquisa historiográfica, considerou-se que eventualmente o escravo estava para além de um mero instrumento inerte e à mercê das vontades senhoriais. Também não estava inserido apenas no circuito da produção voltada exclusivamente para a exportação. Em contraponto às teorias do "escravo-coisa", o cativo em determinados momentos se comportava como um negociador, como um "rebelde" ou mesmo como, nas eventualidades de acumular algum tipo de riqueza, proprietário.

Mesmo a séculos de ser reconhecido como um possuidor de direitos subjetivos pela normatividade brasileira, alguns historiadores consideram que em determinadas situações o escravo possuía uma "expectativa de direito" e, poderíamos questionar, dependendo das condições concretas em que se inseria, se também "direito subjetivo" como, por exemplo, no recebimento de parcelas de terra para que produzisse seus próprios produtos de subsistência.

Essa concessão de terras – aliás denominada pelos estudiosos como "o sistema do Brasil" – representava a condição em que, eventualmente, o escravo poderia acumular determinada riqueza e, em alguns casos, era necessariamente proporcionada pelos senhores, de maneira que o modelo escravista pudesse continuar sua reprodução não apenas baseado na violência e na coerção física. Desse modo, em alguns casos, os escravos se inseriam no circuito mercantil, inclusive "juridicamente", mas primordialmente por sua condição concreta de participante das atividades econômicas internas da colônia.

Para que se possa, no entanto, reconhecer o acúmulo de bens e valores pelos cativos é necessário admitir que houvesse certo nível de acumulação no interior da colônia e essa admissão varia muito em termos da sua importância concedida pelos diversos autores que estudaram o tema e o tempo colonial, o que será também objeto de estudo desta pesquisa, no que diz respeito ao modo de produção aqui presente.

Certo é na teoria pachukaniana que a figura do sujeito de direito como átomo, como componente mínimo necessário ao direito apenas se conforma com a total submissão do trabalho livre ao capital, ou seja, com a completa dominância do modo de produção capitalista que, ao final concluiremos, não foi o ocorrido na colônia brasileira.

No entanto, a teoria de Pachukanis afirma o mundo do ser – ao contrário do dever-ser – como regente da condição do sujeito de direito. A presença da mercadoria e de sua troca – na tradição marxista da concretude das relações sociais – é que define a condição necessária para um indivíduo se conformar em um possuidor de direitos subjetivos.

Esta pesquisa, portanto, pretende, antes de afirmar o escravo como sujeito de direito, ao menos demonstrar que as estruturas da economia colonial possibilitavam acúmulo de riqueza interna e que parte dessa riqueza era gerada por cativos em benefício próprio e, nesta situação, eles eventualmente eram excluídos da abrangência do normativismo do reino.

1
HISTÓRIA DO BRASIL COLONIAL: DA FATUALIDADE ÀS CATEGORIAS SOCIOLÓGICAS

1.1. Os primórdios da historiografia brasileira

O estudo da história do Brasil, antes do salto de qualidade que experimenta já no século XX, com Caio Prado Júnior, conheceu variados momentos de interpretações etnocentristas, preconceituosas e enviesadas com a noção da "superioridade" do povo europeu, "civilizado" que aportava em territórios ainda não explorados pelos colonizadores e povoados por "selvagens". Sem a utilização correta de categorias sociológicas tampouco econômicas nas suas análises, a "história tradicional" era fatual, pontuada de descrições que apontavam para objetivos moralizantes do colonizador, com traços patrióticos ou saudosistas. Dentro da variedade de interpretações historiográficas sobre a evolução histórica brasileira, efetuadas à época dos primeiros estudos sistemáticos sobre o assunto, destacam-se as obras dos historiadores Francisco Varnhagen e Capistrano de Abreu, influenciadas pela Escola Histórica Alemã.[1]

---
1 CANABRAVA, Alice P. *História Econômica: Estudos e Pesquisas.* São Paulo: HUCITEC; UNESP; ABPHE, 2005, p. 245.

Francisco Adolfo de Varnhagen, engenheiro, militar, é produto do Instituto Geográfico Brasileiro, fundado em 1838, de que recebe o patrocínio para o desenvolvimento de sua pesquisa, e no qual passa a exercer a função de secretário. O Brasil, a esta época, ainda era uma entidade com breve vida independente e, neste sentido, necessitava de uma "identidade própria" – trabalho que foi então encomendado por Dom Pedro II através do próprio Instituto, e que foi desenvolvido por Varnhagen.

A obra de Varnhagen é de importância historiográfica pois inaugura um método de estudos até então inexistente na produção sobre a história brasileira, qual seja, a da exegese documental, técnica que este historiador levaria até o extremo, em contraponto com as fontes de história até então prevalentes, que se baseavam grandemente de crônicas e memórias de terceiros como "fontes mais credenciadas".[2] Adicionalmente, pela primeira vez na produção historiográfica brasileira, um estudo se concentra em um amplo intervalo de tempo – a própria pesquisa de Varnhagen, que resulta em sua principal obra *História Geral do Brasil*, de 1853, durou trinta anos – para descrever os processos de evolução histórica. Antes de procurar escrever sobre um determinado momento da história brasileira, Varnhagen pretende descrever toda a história do Brasil, conferindo um caráter totalizante a sua análise.

Por força de sua constante observação de fontes documentais como aquelas que poderiam levar a uma compreensão pura da história de um país, ao entendimento exato e claro sobre os acontecimentos de um povo, a obra de Varnhagen compõe-se de uma vastidão de pormenores fatuais, e neste sentido, apesar de pretender executar uma síntese sobre a história do Brasil, apresenta poucas ideias a respeito[3] de nossa formação e

---

2   Ibid., p. 248.
3   Ibid., p. 250.

é cronológica, o que não a impede, como veremos, de conter abundante material etnocentrista e preconceituoso.

Mesmo com a pretensa unicidade de método, ou seja, com o estudo minucioso e extensivo de fontes documentais, alguns temas são delicados para o historiador, como, por exemplo, o da independência, pois, mesmo com o objetivo de criar uma "identidade" para o Brasil recém-saído da condição de colônia, Varnhagen é patrocinado por um membro da casa de Bragança.

Por trabalhar para o Instituto Geográfico Brasileiro e considerando as suas influências europeias – inclusive de método –, Varnhagen vai tratar o colonizador como aquele que traz a civilização para o território virgem, dando ordem à terra dos "selvagens", e exaltando o tipo português que aqui aportou. Como afirma Nilo Odália, nas palavras de Varnhagen:

> Estão sintetizados os objetivos a que o historiador deve obedecer em seu trabalho: em primeiro lugar, colaborar na Administração do Estado, por meio do levantamento histórico de dados que lhe possam ser úteis; em segundo, favorecer a unidade nacional; e, em terceiro, complementando o segundo, fomentar e "exaltar" o patriotismo, enobrecendo o espírito público.[4]

Portanto, ainda nesta toada, as revoluções internas do Brasil não são encaradas com bons olhos pelo historiador.

Sobre a natureza do Brasil, Varnhagen a descreve do ponto de vista do descobridor: com um misto de fascínio, surpresa e também decepção. Fascina por ser grande, bela, mas decepciona por não mostrar sinais evidentes de minerais para exploração, o que demonstra o apoio que confere aos objetivos do colonizador.

O descobridor e desbravador, para Varnhagen, é aquele que vem trazer a civilização para a terra da barbárie, é o que

---

[4] ODÁLIA, Nilo. *As Formas do Mesmo: Ensaios sobre o Pensamento Historiográfico de Varnhagen e Oliveira Vianna*. São Paulo: UNESP, 1997, p. 39.

luta pelo bem para "acabar com o mal". A unidade nacional pretendida pelo historiador não pode ser alcançada e nem reside na presença das etnias indígenas que aqui já viviam. Apesar da unidade linguística, Varnhagen nomeia o coletivo de nativos como "alcateia". São bárbaros que serão conquistados pelo colonizador e, derrotados, devem se submeter à civilização, proporcionada pelos homens brancos que "são desbravadores dos sertões e florestas bravias; são os que domesticam as forças selvagens da natureza primitiva; são os que catequizam e instruem os selvagens sem ordem e sem Deus".[5] Portanto, apenas o homem branco pode dar a unidade que o Brasil necessita para se transformar em nação. Como explica Nilo Odália:

> A opção irrecorrível por uma nação branca e européia nasce, segundo o autor da História geral do Brasil, como fruto amadurecido e temperado de uma experiência histórica em que as linhas da nova Nação são legadas e determinadas por uma civilização superior. Aos demais grupos étnicos e culturais, considerados vencidos, só lhes resta uma participação passiva no projeto da nova Nação e apenas na medida em que se deixarem ou forem absorvidos e integrados, racial e culturalmente, pelo branco – única fonte de legitimação, pois dele decorrem os valores básicos da nova nacionalidade.[6]

Sobre o tráfico de escravos e a chegada dos cativos, afirma que o Brasil teria sido melhor se não tivesse negros, pois sua inserção na sociedade era fonte de "perigos", no entanto reconhece que, mesmo apreendidos contra sua vontade e forçados a trabalhar, os negros tiveram "sorte" de terem encontrado o europeu cristão para catequizá-los – de fato, a apreensão de negros na África era chamada de "resgate". Nesse sentido aponta que o Brasil teria sido "melhor" caso

---
5 Ibid., p. 47.
6 Id., Ibid.

houvesse utilizado apenas mão de obra indígena, mas ainda na forma de escravidão, apesar dos nativos serem os pervertedores dos bons costumes dos colonizadores.

1.2. O patriarcalismo e a aristocracia: a classe senhorial como foco de análise

Nas interpretações sobre a história e formação brasileiras a análise dos estudiosos sobre o tema variou, de um modo geral assim como a própria historiografia, a partir de um desenrolar de acontecimentos sequenciais que pretendiam descrever nossa evolução listando momentos circunstanciais e datas políticas em direção a uma abordagem de caráter mais sociológico, utilizando-se de categorias gerais de compreensão. Apesar desse "avanço" ser observado, é temerário afirmar que tais categorias, de início, tenham sido manipuladas no sentido de fornecer-nos uma apreciação que não seja totalmente eivada de preconceitos raciais.

A estrutura de produção brasileira durante a época colonial contou com a utilização do trabalho escravo de maneira extensiva e, portanto, a presença do cativo não poderia deixar de ser considerada, inclusive no que diz respeito ao seu relacionamento social no ambiente da colônia. No entanto, se é necessário admitir a presença maciça do escravo no corpo social do país, a importância dada à massa de cativos não ocupava a posição central na análise, tendo sido esta mais focada no comportamento dos senhores, ou melhor, desenvolvida a partir do ponto de vista senhorial, com explicações patriarcais em seu resultado, principalmente a partir das interpretações pós-abolição, em 1888. Assim, nesse sentido, sobre o estudo das transformações sociais no país:

> Desde o início, contudo, não se fez do escravo a categoria central explicativa da formação social extinta. O foco do interesse interpretativo se concentrou sucessivamente em

outras categorias, que serviram de elemento-chave à reconstrução conceitual do passado. O escravo, está claro, sempre figurou no quadro geral, mas explicado por este e não o explicando. Como se devesse ocupar na hierarquia teórica o mesmo lugar subordinado que ocupara na hierarquia social objetiva.⁷

Neste tipo de análise, patriarcal e senhorial, destacaram-se Oliveira Vianna e Gilberto Freyre.

Francisco José de Oliveira Vianna é originário de família rural, proprietária de terras, no entanto sem grandes expressões durante o período anterior à República, sendo representada por pequenos agricultores.⁸ Publicando sua primeira obra apenas aos 37 anos, imediatamente ganha ampla repercussão com *Populações Meridionais do Brasil: Populações Rurais do Centro-Sul*.⁹ Neste livro, Vianna lança as bases de um pensamento que fora influenciado por estudiosos tendentes à definição e construção de tipos regionais – atente-se para o subtítulo de sua obra – baseados, no entanto, em pilares de acontecimentos e fatos sociais.

Se há algum mérito no fato de que o autor parte de fatos sociais, isto é, do concreto, para então concluir sua tipologia das características históricas dos indivíduos, aquele imediatamente se perde quando se observa que outras influências acadêmicas na análise de Vianna apontam para um tipo de "psicologia social" tendente a afirmar a existência de uma "alma da raça", variando esta alma de acordo com cada nação e, portanto, estabelecendo uma hierarquia entre elas.¹⁰ Haveria, portanto, raças superiores e inferiores. Adicionalmente, e de modo mais deletério para o resultado, tem espaço em sua produção influências de autores que afirmam a superioridade da raça ariana.

---

7   GORENDER, Jacob. *O Escravismo Colonial*. São Paulo: Perseu Abramo, 2010, p. 49.
8   RICUPERO, Bernardo. *Sete Lições sobre as Interpretações do Brasil*. São Paulo: Alameda, 2008, p. 51.
9   VIANNA, Oliveira. *Populações Meridionais do Brasil*. Belo Horizonte: Itatiaia, 1987.
10 RICUPERO, Bernardo. *Op. Cit.* p. 53.

Oliveira Vianna apresenta em seu pensamento um viés claramente reacionário, de retorno ao Império como solução à adoção pelos liberais (na República), de "instituições estrangeiras sem demonstrarem maior preocupação com sua adequação às condições brasileiras".[11] Afirmando ainda que pretende demonstrar como o brasileiro é "distinto de outros povos" – inferior, é claro, desde que consideremos a hierarquia entre raças e a predominância da ariana –, critica a absorção de ideais liberais norte-americanos e europeus. Nesse sentido, advoga que o estado tem de tomar a iniciativa de implementar políticas objetivas para o desenvolvimento do país considerando as diferenças raciais presentes na conformação da população brasileira e de acordo com as variações regionais da distribuição destes "tipos" sociológicos.

As afirmações de Vianna sobre os tipos raciais não são exclusivas na determinação dos caracteres presentes na nossa formação. Adicionalmente, o tipo de propriedade rural predominante no Brasil também é relevante. Nesse sentido:

> Ao mesmo tempo [em que um tipo "plebeu" prevalece, preferindo a não-urbanidade], a vida social dos colonizadores adquiriria uma fisionomia própria, inédita. Em conformidade com o meio, ocorreria "a obra de adaptação rural, de conformismo rural – em uma palavra, a obra de ruralização da população colonial" [...] a influência do meio rural, segundo Oliveira Vianna, varia de acordo com o predomínio da pequena ou grande propriedade. No caso particular do Brasil, "somos o latifúndio".[12]

Entendendo que no âmbito do latifúndio não poderia haver solidariedade social, devido às grandes extensões entre os aglomerados populacionais, profere que a unidade produtora rural é uma família, mundo em pequena escala, praticamente

---

11   Ibid., p. 55.
12   Ibid., p. 60.

autossuficiente e que tem no senhor o *pater familias*. Ou seja, vemos aqui a explicação sobre a estrutura brasileira basear-se na grande propriedade rural e no patriarcalismo. E como, então, o autor inclui na análise a escravidão? De acordo com Bernardo Ricupero:

> Na verdade, a principal característica do território que o português colonizou na América seria sua enorme extensão. Nessa situação, as relações sociais tenderiam a ser instáveis, já que, com tanta terra disponível, nada impediria que cada colono se tornasse proprietário. Nesse sentido, Oliveira Vianna sugere que a escravidão surgiu como uma forma de disciplinar a força de trabalho.[13]

O autor segue, nesta toada, a desfilar seus argumentos sociológicos para explicar a formação brasileira quase sempre se referindo aos eixos principais dos tipos senhor e escravo. Contudo, considera outros grupos sociais, primordialmente os "mestiços", divididos entre aqueles "superiores" e os "inferiores". Os proprietários rurais, é bom salientar, pertencem ao grupo branco dos "elementos etnicamente superiores da massa imigrante". Neste sentido, as classes presentes na colônia "corresponderiam praticamente a raças: o branco ao senhor; o mestiço ao foreiro; o negro ao escravo".[14]

Sobre a divisão das raças em Oliveira Vianna, completa Bernardo Ricupero:

> No entanto, num sentido mais amplo, haveria a tendência, como outros autores já tinham sugerido, de ocorrer o branqueamento da população brasileira. *Populações Meridionais do Brasil* chega a afirmar que "toda a evolução histórica de nossa mentalidade coletiva não tem sido, com efeito, senão um contínuo aperfeiçoamento, através de processos conhecidos de lógica social, dos elementos

---

13   Ibid., p. 61.
14   Ibid., p. 63.

bárbaros da massa popular à moral ariana, à mentalidade ariana, isto é, ao espírito e ao caráter da raça branca". Dessa maneira, Oliveira Vianna sugere, antes mesmo de Gilberto Freyre, que na mestiçagem, produto do latifúndio, capaz de reunir, num mesmo espaço, elementos das três raças presentes no Brasil, se encontraria a própria gênese da nacionalidade.[15]

Sobre a mestiçagem se debruça a principal obra de Gilberto Freyre, *Casa Grande e Senzala*. Gilberto Freyre foi nascido em Recife e descende, tanto na linha materna quanto na paterna, de famílias aristocráticas do nordeste brasileiro.[16] Sendo influenciado por Franz Boas, que afirmava ser o determinismo antropológico que se baseava nas raças e meio ambiente exagerado, Freyre tenderá a afirmar que estes fatores necessitam ser compreendidos em conjunto com os grupos culturais dentro dos quais são apreciados. Em suas palavras:

> Aprendi a considerar fundamental a diferença entre raça e cultura; a discriminar entre os efeitos de relações puramente genéticas e os de influências sociais, de herança cultural e de meio. Neste critério de diferenciação fundamental entre raça e cultura assenta todo o plano deste ensaio.[17]

A obra de Freyre tem seu foco voltado para o mundo rural, afastando-se do cosmopolitismo que era tendência nas manifestações culturais de sua época. Tendo se associado ao movimento modernista do Nordeste, mais ligado à tradição do que à industrialização do seu correspondente sulista, o autor irá concentrar seus esforços na explicação cultural do passado colonial – atitude diversa do modernismo de um modo geral, que se inclinava a "desconsiderar tudo que lembra o período colonial".[18]

---

15   Ibid., p. 63.
16   Ibid., p. 77.
17   FREYRE, Gilberto. *Casa Grande e Senzala*. São Paulo: Global, 2011, p. 32.
18   RICUPERO, Bernardo. *Op. Cit.* p. 79.

Adicionalmente, as correntes ideológicas do final do século XIX pretendiam afirmar a mestiçagem como um traço negativo na formação brasileira, e o próprio Freyre recorda suas memórias racistas no prefácio de seu livro. No entanto, a partir do já mencionado afastamento da correlação necessária entre raça e cultura, a obra de Freyre pôde fornecer uma diferente perspectiva sobre esta formação:

> Isto é, com essa operação, de substituição da categoria de raça pela de cultura, Casa-Grande e Senzala e os demais livros de seu autor poderiam, em chave diversa da maior parte das interpretações anteriores e mesmo posteriores do Brasil, fornecer uma avaliação mais positiva da história brasileira.[19]

Por outro lado, mesmo ao utilizar o conceito de raça inserido no contexto da cultura, a explicação do autor para a causa da mestiçagem observada no país reside na própria família patriarcal – o relacionamento do branco com sua escravaria teria sido causado pela presença do latifúndio e pela escassez de mulheres da raça do senhor e, nesse sentido, nesta característica se assentava a democratização social.

No mesmo sentido de Oliveira Vianna, ressaltadas outras diferenças, a casa grande seria o centro de uma aglomeração, em torno do senhor, autossuficiente. Assim:

> Seu predomínio permitiria até vincular a experiência colonial ao feudalismo. Ou melhor, o sistema de grande plantação seria misto, convivendo nele elementos capitalistas, relacionados com sua orientação comercial, e formas sociais assimiláveis ao feudalismo, ligadas à sua auto-suficiência.[20]

Portanto, nesta interpretação, a característica comum à formação brasileira, aquela que dá unidade ao país, é o patriarcalismo. A relação dos senhores com os escravos, sob o signo

---

19 Ibid., p. 82.
20 Ibid., p. 87.

da "democracia racial" que tanto agradaria vários estudiosos de nossa formação após a obra de Freyre, é o fio principal que conduz o ensaio do autor pernambucano. Em adição, é necessário compreender que Gilberto Freyre concede peso importante para o tipo do colonizador que aportou no Brasil, mesmo que se tenha apontado anteriormente a submissão – ou, melhor dizendo, complementariedade – da raça à cultura.

O autor afirma que a colonização brasileira foi facilitada ao português por este ser um tipo "plástico", adaptável, naquilo que se referiu como "povo indefinido". Portando características indeléveis provenientes da invasão moura, o português herdou dos mouros conquistadores a tendência à "doçura" no trato de escravos, o que resultou em relações harmônicas entre raças.

A visão de Gilberto Freyre obteve grande repercussão e sucesso entre estudiosos e mesmo entre a população estabeleceu-se o mito da democracia social no Brasil. Todavia, seu entendimento sobre a escravidão ajudou a ofuscar as reais condições do escravo, cativo que era do mando do senhor, aprisionado e forçado a longas horas de trabalho intercaladas por pouco descanso e em condições miseráveis, como se verificará mais à frente no texto.

Após críticas sistemáticas a sua teoria, efetuadas pela chamada Escola Paulista de Sociologia (especialmente Florestan Fernandes e Roger Bastide), mais recentemente a obra de Gilberto Freyre passou a experimentar uma retomada de seu prestígio, principalmente em Kátia Mattoso, no Brasil e, antes em Eugene Genovese, nos Estados Unidos,[21] no que diz respeito, respectivamente, ao patriarcalismo e à "acomodação e ajustamento" e à "resistência e acomodação". A reabilitação do pensamento que afirma a harmonia nas relações entre raças no período colonial possibilitou que aquela "doçura" em Freyre fosse transformada

---

21 GORENDER, Jacob. *A Escravidão Reabilitada*. São Paulo: Ática, 1991, p. 21.

na "ternura" em Mattoso. Ponto de vista sobre a escravidão que é acidamente criticado por Jacob Gorender:

> Do ponto de vista teórico, resulta [...] a prioridade do consenso sobre a violência no sistema escravocrata. *Roll, Jordan, roll*, o *opus magnum* de Genovese, conduz, implícita e, muitas vezes, explicitamente, a esta idéia. Numa distorção dos conceitos de Gramsci sobre hegemonia e consenso, Genovese e seus seguidores brasileiros forjaram a ficção da escravatura consensual, da escravatura que os próprios escravos aceitavam e *preferiam*. A exaltação da acomodação e ajustamento perpassa a obra de Kátia Mattoso. De um lado, o senhor ameno, generoso: de outro, o escravo dócil, embora malicioso e sutilmente resistente. O escravo abrigado na família senhorial patriarcal.[22]

A crítica de Gorender não se furta inclusive a ironias quando afirma que o escravo fugitivo receberia castigos porque, a partir do entendimento da obra de Mattoso, era ele um inadaptado e, neste aspecto, a culpa é do próprio cativo: os bons senhores ofereceram a ele um "mundo tranquilizador (*sic*)"[23] que não soube ser aproveitado.

A análise da escravidão, quando tomada a partir de outros termos, quais sejam, as das categorias marxistas de relações de produção e formação social, resulta em um entendimento muito diverso sobre as condições do escravo, como será possível observar mais adiante.

1.3. O escravo como "coisa"

A noção de "escravo como coisa" não se refere apenas àquelas interpretações que tendem a rebaixar ao mais ínfimo nível a condição do cativo como indivíduo, ser humano dotado de subjetividade e em muitas ocasiões e situações componente de

---
22 Ibid., p. 21.
23 Id., Ibid.

sociedades originárias africanas com conteúdo cultural considerável. É certo que as primeiras noções acerca dos africanos importados ao Brasil circunscreveram o escravo a manifestações sobre seu caráter "bárbaro", "não civilizado", incluídos nesta concepção também os povos autóctones. Este tipo de entendimento, é certo, permitiu – ou antes, justificou – o tratamento desumano dispensado aos cativos. É de se admitir que a própria condição da escravidão e a escolha pela utilização do trabalho forçado a ser executado por um homem capturado e restringido por violência contém em seu seio a mais alta desconsideração humana. Nas palavras de Kátia Mattoso, sobre a descrição do processo de aprisionamento do africano quando já no transporte marítimo:

> O cirurgião de bordo, em seguida, submete todos os cativos a uma revista sanitária e eles são marcados a ferro no ombro, na coxa ou no peito: cena descrita frequentemente pelos que tentaram mostrar como o escravo perde sua dignidade de homem e que não passa de uma das etapas desse longo caminho que leva à escravidão.[24]

No entanto, quaisquer desconsiderações da humanidade do cativo até as eventuais justificativas validadoras, morais ou religiosas,[25] da escolha por este tipo de trabalho não afastam a "necessidade" de que este seja manipulado, explicado ou reconhecido dentro do ambiente em que se encontra: instrumento de trabalho, objeto de compra e venda, o escravo foi comumente considerado propriedade de seu senhor, ou daquele que o detinha

---

24 MATTOSO, Kátia M. de Queirós. *Ser Escravo no Brasil*. São Paulo: Brasiliense, 2003, p. 46.
25 "Foi a teoria acerca da escravidão codificada pelos teólogos dos séculos XII e XIII que serviu de base à sua primeira justificação nas Américas, mesmo se as condições reais do tráfico de escravos africanos e do sistema escravista americano nada tivessem a ver com as 'marcas da vocação servil' ou com os 'títulos de servidão' (ou seja, com os fatos que poderiam teoricamente legitimar a escravização) definidos por aqueles teólogos." (In: CARDOSO, Ciro Flamarion Santana. *A Afro-América: A Escravidão no Novo Mundo*. 3. ed. Coleção Tudo é História. Livro n. 44. São Paulo: Brasiliense, 2010, p. 12-13).

sob constrição em um determinado momento, sendo esta, aliás, sua condição essencial.[26]

Como explicar o escravo dentro do sistema escravista colonial? À parte das justificativas citadas acima, e das antropológicas e de caráter mais tendente à sociologia, também há uma confusão teórica para os estudiosos que pretenderam dar ao Brasil colonial uma formação feudal ou capitalista. Apesar da escravidão ter persistido residualmente na idade média, a de caráter mercantil e sob a escala que se observou durante o colonialismo americano nunca antes foi experimentada. E, se capitalismo aquilo que se implantou no Brasil desde a colonização, há a incompatibilidade da estrutura de produção com a categoria essencial àquele, a do trabalho livre.

Em relação à escravidão presente em Portugal, relata Jacob Gorender:

> O modo de produção resultante da conquista – o escravismo colonial – não pode ser considerado uma síntese dos modos de produção preexistentes em Portugal e no Brasil. Ao tempo em que se iniciou a colonização do Brasil, empregavam-se escravos na economia portuguesa, mas esse emprego tinha caráter subsidiário, complementar. Refiro-me aqui, está claro, ao Portugal continental e não às ilhas atlânticas, uma vez que estas, à semelhança do Brasil, entram no conceito de conquista e colonização.[27]

Se a conquista e posterior colonização do Brasil pudessem significar uma extensão do modo de produção feudal, como pretenderam afirmar alguns estudiosos, um problema teórico, como adiantado acima, se apresenta para a definição do caráter do escravo aqui utilizado:

---

26   GORENDER, Jacob. *O Escravismo Colonial*. São Paulo: Perseu Abramo, 2010, p. 89.
27   Ibid., p. 84.

> No caso brasileiro, era preciso admitir que o feudalismo se baseou em relações escravistas – fenômeno considerado secundário diante do privilegiamento teórico da grande propriedade territorial – ou que o escravismo, entendido com superficial especificidade, teve existência restrita, logo submergida pela formação feudal desde as origens coloniais estabelecida na maior parte do território.[28]

Destas tentativas de definição do funcionamento da estrutura de produção presente na colônia brasileira resultou que o foco da análise sobre a escravidão não estava sobre o próprio escravo, mas voltado para outras características então observadas pelos estudiosos que, acreditavam, seriam as mais importantes, como a presença da grande propriedade rural ou como se comportavam as classes senhoriais em sua relação com as ferramentas produtivas à disposição, dentre as quais, os cativos.

Como afirma Eric Williams sobre a colonização e especialmente os escravos: "eles foram ignorados pela maioria dos autores sobre essa época. Aos poucos, os historiadores modernos vêm despertando para a distorção resultante desse fato".[29]

Sendo considerado como uma propriedade, e tendo essa característica fundamental na visão de seus proprietários, seria "natural" para estes que o entendimento acerca do cativo tomasse o caminho de que fossem tratados, entendidos e "contabilizados" como apenas animais de trabalho, continentes de valores dispendidos na sua aquisição e não possuidores de uma subjetividade que, na condição de seres humanos, está necessariamente presente.

> Assim que a escravidão saiu da fase embrionária e mais ou menos acidental nas comunidades primitivas, ganhando, na sociedade já dividida em classes, contornos definidos e institucionalizados, a tendência dos senhores de escravos

---
28 Ibid., p. 50.
29 WILLIAMS, Eric. *Capitalismo e Escravidão*. São Paulo: Companhia das Letras, 2012, p. 269.

foi a de vê-los como animais de trabalho, como *instrumentum vocale*, bem semovente. [...] As ordenações portuguesas – Manuelinas e Filipinas – juntaram num mesmo título o direito de enjeitar escravos e bestas por doença ou manqueira, quando dolosamente vendidos.[30]

Desse modo, o escravo permanece, durante estendido espaço de tempo, longe de ver reconhecida sua própria subjetividade como pessoa, na acepção dos seus proprietários e na justificação da escravidão. No entanto, o próprio cativo não aceita com plenitude a própria coisificação – era tratado como coisa, mas este tratamento não tem o condão de fazer com que os próprios escravos sejam despidos da consciência de sua humanidade:

> Mas é indispensável e fundamental ressaltar [...] que a contradição inerente ao escravo, entre ser coisa e ser homem, não se manifestou e desenvolveu primordialmente na cultura, nas ideologias. Primordialmente, a contradição foi manifestada e desenvolvida pelos próprios escravos, como indivíduos concretos, porque, se a sociedade os coisificou, nunca pôde suprimir neles ao menos o resíduo último de pessoa humana. Antes que os costumes, a moral, o direito e a filosofia reconhecessem a contradição e se preocupassem com resolvê-la de modo positivo, em favor da legitimação da instituição servil, conciliando os termos coisa e pessoa, antes disso os próprios escravos exteriorizavam sua condição antagônica, à medida em que reagiram ao tratamento de coisas.[31]

Por outro lado, mesmo como modo de refutação das teses patriarcalistas que obtiveram muita difusão após o sucesso de *Casa Grande e Senzala*, de Gilberto Freyre, a "coisificação" do escravo chega a alcançar entendimentos extremados, que imbuíam no próprio cativo o reconhecimento de que ele era coisa,

---

30 GORENDER, Jacob. *Op. Cit.* p. 93.
31 Ibid., p. 92.

propriedade sem vontade e totalmente ao mando do seu senhor, como no exemplo de Fernando Henrique Cardoso: "no geral, era possível obter a coisificação *subjetiva* do escravo: sua auto--representação como não-homem".[32] Mas a coisificação do cativo pode tomar dois caminhos distintos, que não se confundem: a social e a pessoal. Nesse sentido:

> Quando se fala em coisificação do escravo, não se vai necessariamente aos extremos de F. H. Cardoso. Temos em vista a coisificação social, que não é sinônimo de coisificação subjetiva. A coisificação social se chocava com a pessoa do escravo (pessoa = subjetividade humana). Ferida, humilhada, comprimida, a pessoa do escravo não era anulada (exceto em casos patológicos). A contradição entre ser coisa e ser pessoa constituía a vivência do escravo durante toda sua existência.[33]

Assim, a resistência à condição de escravo podia se manifestar de algumas formas diversas. No campo do trabalho, os cativos tendiam a trabalhar, na medida das possibilidades, o mínimo possível, mas este comportamento é mais ligado à condição de explorado, não exclusivo do cativo, e comum nas "relações de produção antagônicas em geral".[34] A maior resistência era observada, neste sentido, na atitude criminosa dos cativos.

Neste ponto é interessante notar que, mesmo na consideração – fundada na própria condição de objeto de compra e venda assim como na necessidade de justificação da escravidão – de que o escravo era coisa, no instante em que ele praticava um delito, neste momento a sociedade escravista o tratava como sujeito de delito. Enquanto considerado como objeto de delito – o escravo

---

32 CARDOSO, Fernando Henrique. *Capitalismo e Escravidão no Brasil Meridional. O Negro na Sociedade Escravocrata do Rio Grande do Sul.* São Paulo: Paz e Terra, 1997, p. 155.
33 GORENDER, Jacob. *A Escravidão Reabilitada.* São Paulo: Ática, 1991, p. 22-23.
34 Id. Questionamentos sobre a Teoria Econômica do Escravismo Colonial. In: *Estudos Econômicos. Economia Escravista Brasileira.* São Paulo: IPE/USP, n. 13, jan.-abr. 1983, p. 16.

poderia ser roubado de um senhor por outro, "danificado", assassinado, correspondendo neste caso a um dano patrimonial – não havia humanidade na sua condição. Mas, ao cometer um crime, passava a ser tratado como um ser humano, o que, nesta toada não colocava o escravo como um sujeito de delito que teria o tratamento, a pena, semelhante à dos homens livres. Era punido com extremo rigor, não excluídas, então, inclusive mutilações como punição: "as mutilações não só foram previstas pelo direito romano como também pelo Código Filipino português e pelas várias legislações penais das colônias americanas, num momento ou noutro, inclusive no Brasil".[35]

A diferença do tratamento entre o escravo "criminoso" e o homem livre e branco praticante de um delito foi, certamente, ao menos na legislação, sendo mitigada com o passar do tempo na época colonial. Os próprios senhores passaram a ser regulados, teoricamente, por leis que os impediam no completo controle punitivo dos cativos. No entanto, é preciso lembrar, a essência da relação senhor-escravo sempre se manteve, ou seja, as relações de produção, determinadas que são pelo caráter econômico de um modo de produção, permanecem operando e, no âmbito produtivo, o cativo sempre esteve à mercê do seu proprietário. É importante também salientar que, a exemplo da contemporaneidade, a aparência de totalidade da legalidade não abrange as condições concretas do relacionamento social, servindo apenas como regra em situações e localidades específicas:

> [...] o direito escravista sofreu modificações limitadoras do domínio do senhor e que reconheciam, ao menos implicitamente, certa condição humana no escravo. Tais modificações, todavia, não alteravam as leis econômicas objetivas do modo de produção escravista. Quanto mais acentuado o caráter mercantil de uma economia escravista, o que se deu sobretudo nas colônias americanas, tanto

---
35 Id. *O Escravismo Colonial*. São Paulo: Perseu Abramo, 2010, p. 94.

mais forte a tendência a extremar a coisificação do escravo. As modificações jurídicas limitadoras dessa tendência só podiam ter efetivação concreta muito relativa nos domínios agrícolas isolados, onde a supremacia do senhor sobre o escravo não padecia de restrições práticas.[36]

No que sejam consideradas eventuais aparências de preservação do escravo baseadas na sua condição humana, a determinação de seu tratamento sempre apresentou um cálculo econômico – mesmo no que diz respeito à sua utilização, ou seja, na quantidade de horas de trabalho impostas aos cativos ao eito, como veremos mais à frente no texto – pois aos senhores, os cativos nunca deixaram de ser investimento, personificação de certo valor dispendido e que necessariamente precisava ser protegido de perdas, ou seja, "de qualquer maneira, não devemos supor que tivessem os senhores interesse em inutilizar seus escravos, os quais, afinal, como dizia o livro bíblico, era seu dinheiro".[37]

---

36 Ibid., p. 97.
37 Ibid., p. 100.

2
NATUREZA ECONÔMICA DA HISTÓRIA BRASILEIRA: A SOCIEDADE COLONIAL CAPITALISTA

O grande avanço no estudo da economia política no Brasil se dá com Caio Prado Júnior e seu modelo interpretativo que resultou naquilo que seria a base de nossa formação social-econômica, o "sentido" de nossa colonização. Afastando-se das análises unicamente antropológicas ou sociológicas, que creditavam os arranjos constantes de nossa formação e de suas resultantes naquilo que se conformou o Brasil quase que exclusivamente às características dos indivíduos ou dos povos que aqui colonizaram o território, Prado Júnior parte da observação da realidade concreta e econômica, para determinar as estruturas da colônia e pretender identificar as causas das mazelas que impedem, na sua interpretação, que o Brasil se conforme integralmente em uma nação, mesmo após sua independência do Reino e inclusive já durante o século XX.

Caio Prado Júnior escreve seu "Formação do Brasil Contemporâneo" em um contexto de relativa crise no Brasil após o *crash* de 1929 e em pleno Estado Novo, em que observa o País ainda como um organismo em transformação, não tendo completamente abandonado e superado seu passado colonial para alcançar seu *status* de nação, naquilo que definiu como "nacionalidade incompleta". Declarando-se marxista, rompe com sua classe aristocrática, mas por outro lado também não adere ao plano de explicação mecanicista marxista sobre os estágios de evolução econômica e, mantendo-se "em oposição ao modelo interpretativo dominante na Terceira Internacional e no Partido Comunista Brasileiro (pelo menos a partir de 1930), ele insiste em que nosso país não é e jamais foi feudal ou semifeudal".[1] Dessa maneira, apartado de sua classe de origem, ainda assim é visto com certa desconfiança pelos marxistas – situação essa devida inclusive por sua origem aristocrática – por não aderir ao "esquema" de estágios sucessivos e inexoráveis de evolução econômica. No entanto, ainda que combatido, jamais a partir de então será ignorado.

Como afirma Octávio Ianni:

> Caio Prado Júnior é o fundador da interpretação dialética do Brasil. Por sua originalidade e influência, essa interpretação institui toda uma corrente não só da historiografia mas do pensamento brasileiro. É inegável a sua importância para o conjunto das ciências sociais. Também é evidente a sua presença na história das idéias filosóficas, em controvérsias sobre as relações entre o pensamento e as configurações sociais de vida. Inclusive no campo das artes encontram-se ecos mais ou menos nítidos da interpretação marxista do Brasil, que ele praticamente inaugurou. Muitas contribuições contemporâneas e posteriores a ela parecem complementá-la, desenvolvê-la. As próprias controvérsias suscitadas expressam a sua originalidade e influência.[2]

---

1   COUTINHO, Carlos Nelson. Uma Via "Não Clássica" para o Capitalismo. In: D'INCAO, Maria Angela (Org.). *História e Ideal: Ensaios sobre Caio Prado Júnior.* São Paulo: UNESP, 1989, p. 115.
2   IANNI, Octávio. A Dialética da História. In: D'INCAO, Maria Angela (Org.). *História e Ideal: Ensaios sobre Caio Prado Júnior.* São Paulo: UNESP, 1989, p. 73.

Inaugurando a utilização do materialismo histórico como ferramenta de análise, o modelo pradiano segue, nessa toada, sem jamais permitir aos estudiosos que o sucederam sua desconsideração, tamanha sua face revolucionária e novidade teórica, e ainda para aqueles que não fazem parte de sua linha sucessória direta – aqui podemos alocar o pensamento de Fernando Novais, ou seja, mesmo para outros marxistas que naquele modelo encontram defeitos, em alguns aspectos inclusive graves em suas conclusões, como Antônio Barros de Castro ou Ciro Cardoso, permanece como norte de pesquisa, se não nas importantes características que, segundo estes, lhe escaparam, e que representariam a bases de suas maiores críticas, mas antes como marco transformador na historiografia brasileira. Décadas se passaram, assim, até que as primeiras críticas pudessem ao menos começar a brotar até florescerem nas interpretações marxistas que se opunham aos aspectos totalizantes do modelo de Prado Júnior.

De um modo geral as críticas giram em torno da pretensa fragilidade de um modelo que parte exclusivamente da visão exportacionista, como afirma neste caso Jacob Gorender, pelo que a perspectiva de exame de Caio Prado seria limitada senão incorreta – "de fora para dentro" – e sugere, portanto, que destarte o sentido da colonização decorre em parte da fragilidade de não se utilizar a vista contrária, qual seja, a de "dentro para fora". Partindo dessa afirmação, veremos que Gorender por seu lado então passa a se utilizar de uma perspectiva diametralmente oposta à de Prado Júnior: em sua obra *O Escravismo Colonial* ele assenta todo o seu desenvolvimento teórico a partir do interior da colônia e de seu funcionamento intestino, resultando sua análise na afirmação de um modo de produção específico colonial, apreciação que não é feita e tampouco passível de afirmação no modelo de Prado Júnior.

De outro lado, algumas críticas vão de encontro à visão pradiana de que a burguesia portuguesa se encontra em estado "avançado", ou seja, de que esteja orientando as ações do estado português para a medida em que a empresa estabelecida na colônia tropical americana satisfizesse suas aspirações de acumulação, e contra, portanto, à ideia de que os próprios colonizadores estivessem impregnados com essa mentalidade mercantil e burguesa. Tais críticas são originadas dos autores que, como Manolo Florentino e João Fragoso,[3] defendem o "arcaísmo como projeto": com a decadência de Portugal, ou seja, com o declínio do "antigo regime", era de interesse do português a tentativa de reestabelecer seu antigo modo de vida, arcaico, mas com a diferença de que agora na colônia, tendo este reestabelecimento sido seu projeto colonial. Nesta crítica, no entanto, a própria expansão ultramarina de Portugal seria um dos motivos da decadência de seu aspecto feudal, e ela, por outro lado, resultando na "descoberta" do Brasil, possibilitaria o resgate daquilo que em território português tornava-se arcaico, só que agora nas bandas tropicais.

Ciro Cardoso,[4] por sua vez, insiste na crítica do circulacionismo presente no modelo de Prado Júnior e, assim, também na interpretação de Fernando Novais e na existência de acumulação endógena na colônia.

Em alguns casos as críticas, no entanto, afastam-se da abordagem puramente teórica ou de ferramental e são representadas por novos dados historiográficos e estatísticos não estudados ou indisponíveis para Prado Júnior à sua época e que demonstram que a visão monolítica do tripé grande propriedade, escravaria e monocultura era permeada, na verdade, por realidades muito

---

3   FRAGOSO, J. L. R.; FLORENTINO, M. G. *O Arcaísmo como Projeto: Mercado Atlântico, Sociedade Agrária e Elite Mercantil no Rio de Janeiro*. Rio de Janeiro: Diadorim, 1993.
4   CARDOSO, Ciro Flamarion Santana. Sobre los Modos de Producción Coloniais de América. In: ASSADOURIAN, C. S. et al. *Modos de Producción en América Latina*. 2. ed. Buenos Aires: Cuadernos de Pasado y Presente, 1974, p. 143.

distantes da unicidade pretendida no ensaio pradiano, como no caso do estudo orientado por Alice Canabrava e efetuado por Francisco Vidal Luna.[5] O autor, analisando dados provenientes de documentação das obras de mineração a partir de livros de arrecadação de tributos, que continham a quantidade de escravos que os indivíduos proprietários mantinham na atividade mineradora, conclui que as distribuições estatísticas de média, mediana e moda era de um escravo por minerador. E que, adicionalmente, 25% dos proprietários de escravos eram, por sua vez, forros. Estas duas conclusões, dentre outras apresentadas por outros pesquisadores (e, inclusive, muito utilizadas por Ciro Cardoso) contrapõem definições básicas fornecidas pelo modelo pradiano. Causam também, inclusive, outras considerações, como no caso de Gorender, que deixa transparecer seu ceticismo em relação à proporção de 25% de proprietários forros na mineração, de maneira que em uma economia de tamanha mobilidade durante uma geração difícil torna-se a manutenção de um modo de produção específico qualquer.

Mesmo sob críticas e anotações divergentes posteriores, a análise de Caio Prado Júnior representa um marco na interpretação da história do Brasil e inaugura o que, a partir de então, viria a ser o mais completo e concreto estudo sobre a formação econômica brasileira.

2.1. O modelo interpretativo de Caio Prado Júnior

O método de estudo utilizado por Caio Prado Júnior é o do materialismo histórico. Passando além da descrição histórica comumente entendida como apenas uma sequência de acontecimentos políticos no tempo de um povo ou país, ele permite a busca das razões imanentes a um processo de transformação ou de evolução – dá à história um sentido. Na análise pelas

---

5 LUNA, Francisco Vidal. Estrutura da Posse de Escravos em Minas Gerais (1718). In: BARRETO, A. E. M. et al. *História Econômica: Ensaios*. São Paulo: IPE/USP, 1983.

ferramentas do método marxista, a economia passa a ser mola mestra que impulsiona a explicação histórica, e a partir da observação da concreta realidade que subjaz os movimentos de transformação de uma sociedade é possível, então, elucidá-la. Ainda sobre uma breve explicação que Caio Prado Júnior oferece sobre a direção histórica que toma Portugal, em sua expansão marítima, da qual, de acordo com o autor, a colônia brasileira seria peça resultante, afirma:

> Visto deste ângulo geral e amplo, a evolução de um povo se torna explicável. Os pormenores e incidentes mais ou menos complexos, que constituem a trama de sua história e que ameaçam por vezes nublar o que verdadeiramente forma a linha mestra que a define, passam para o segundo plano; e só então nos é dado alcançar o sentido daquela evolução, compreendê-la, explicá-la.[6]

Para, em seguida, afirmar que este método de análise deve ser aplicado à história do Brasil, na delimitação de que é observada a partir do ponto de vista de seu estado ao final do tempo de colônia. Como Caio Prado Júnior entende que não houve rupturas na linha histórica colonial, escolhe este momento de explicação por ser ele o resultado acabado dos processos que tomaram lugar durante nossa formação.

E o que, desse modo, levaria a nossa maneira específica de estruturação econômica e social? A colonização das Américas, no contexto da expansão marítima e do mundo colonial representava oportunidades que podem ser entendidas a partir de duas perspectivas – diferentes na motivação, mas complementares no funcionamento no caso da América do Norte: a possibilidade do estabelecimento de colônias de povoamento ou simplesmente de "exploração".

---

6 PRADO JÚNIOR, Caio. *Formação do Brasil Contemporâneo – Colônia*. 23. ed. São Paulo: Brasiliense, 2004, p. 18.

As condições naturais de cada área colonizada, neste sentido, determinam a maneira do assentamento que nelas se fará ao mesmo tempo em que explicam o tipo de colonizador que lá se instalará. Em zona temperada, ou seja, de características naturais mais assemelhadas à Europa do colonizador:

> Virão para a América puritanos e quakers da Inglaterra, huguenotes da França, mais tarde morávios, schwenkfelaers, inspiracionalistas e menonitas da Alemanha meridional e Suíça. Durante mais de dois séculos despejar-se--á na América todo resíduo das lutas político-religiosas da Europa.[7]

Ainda prevalecendo o interesse comercial nas possibilidades da produção de bens de cada área colonizada, observa o autor a relativa inexpressividade da exploração de metais na América: restrita às áreas de presença espanhola e, depois, impulsionando a colonização portuguesa para o centro da América do Sul, "os metais não se revelaram tão disseminados como se esperava".[8]

Com variações de produção, descobertas e esgotamentos, por determinado tempo a presença na América e a ocupação do território não se estabelece senão alternando de acordo com as possibilidades do extrativismo. Não possibilita a estabilidade que outra atividade proporcionará ao colonizador: a agricultura.

Se as características da ocupação das zonas temperadas das Américas levavam à predominância de indivíduos tendentes a reproduzir as condições de estabelecimento que conheciam na Europa, ou seja, povoando o novo território como nova morada, nas zonas subtropicais e tropicais o estímulo de ocupar deveria ser outro. Para que suportassem condições naturais a que estavam desacostumados, o impulso da colonização nestas áreas era quase que exclusivamente comercial, de percepção de

---

7   Ibid., p. 24.
8   Ibid., p. 23.

nova renda e riqueza. Por outro lado, se as tais condições afastavam o *animus* de povoamento, oferecia a possibilidade de obtenção de mercadorias que eram raras e até então preciosas na Europa colonizadora:

> A diversidade de condições naturais, em comparação com a Europa, que acabamos de ver como um empecilho ao povoamento, se revelaria por outro lado um forte estímulo. É que tais condições proporcionarão aos países da Europa a possibilidade da obtenção de gêneros que lá fazem falta. E gêneros de particular atrativo.[9]

Certamente o açúcar, raro e caro que era no continente europeu, representava em sua produção e possibilidade de mercado este estímulo necessário do lado da agricultura.

No entanto, de acordo com Caio Prado Júnior, o europeu que aqui nas zonas tropicais desembarcava não tendia a demonstrar interesse no fornecimento de sua própria força de trabalho na obtenção destes bens. Não trabalharia ele na agricultura do açúcar. Ao contrário, "viria como dirigente da produção de gênero de grande valor comercial, como empresário de um negócio rendoso; mas só a contragosto como trabalhador. Outros trabalhariam para ele".[10] "Outros", na análise do autor, seriam escravos.

Esta exploração agrária, em primeiro lugar a partir da cultura açucareira, se dará, na visão do autor, em espaços de larga extensão. O baixo nível técnico da produção de açúcar – veremos, no entanto, mais a frente a crítica de Antônio Barros de Castro a esta afirmação de atraso tecnológico – impedia a extração do açúcar de maneira intensiva. Aliada ao "espírito" do colonizador português – a baixa consideração de Caio Prado Júnior frente ao tipo português fica clara no decorrer de suas

---
9   Ibid., p. 26.
10 Ibid., p. 27.

obras, a produção extensiva e de inferior capacidade técnico-
-produtiva deriva da não necessidade de um avanço na produtividade: "sobrava espaço".[11]

Dessa maneira, Caio Prado Júnior determina, a partir de características da concretude das condições apresentadas – no entanto, sem excluir o caráter pessoal do colonizador que aqui aportou –, o sistema da produção agrária na área colonial, as estruturas internas da colônia, sua fundação, desenvolvimento e funcionamento. Afirma:

> É o caráter que tomará a exploração agrária nos trópicos. Esta se realizará em larga escala, isto é, em grandes unidades produtoras, fazendas, engenhos, plantações (as *plantations* das colônias inglesas) – que reúnem cada qual um número relativamente avultado de trabalhadores. Em outras palavras, para cada proprietário (fazendeiro, senhor ou plantador), haveria muitos trabalhadores subordinados e sem propriedade.[12]

A somatória da finalidade comercial, o meio tropical e o tipo colonizador dirigente definem as estruturas internas da colônia. Sobre o tripé, portanto, que apoia essas estruturas: monocultura, grande propriedade e trabalho escravo (todo ele voltado exclusivamente ao fornecimento de mercadorias para o comércio europeu). Daí, então, o que se consolidou como o termo destilado da obra de Caio Prado Júnior: o sentido de nossa colonização:

> No seu conjunto, e vista no plano mundial e internacional, a colonização dos trópicos toma o aspecto de uma vasta empresa comercial, mais completa que a antiga feitoria, mas sempre com o mesmo caráter que ela, destinada a explorar os recursos naturais de um território virgem em

---

11 Ibid., p. 139.
12 Ibid., p. 27.

proveito do comércio europeu. É este o verdadeiro sentido da colonização tropical, de que o Brasil é uma das resultantes; e ele explicará os elementos fundamentais, tanto no econômico como no social, da formação e evolução históricas dos trópicos americanos.[13]

A visão de Caio Prado Júnior sobre a formação brasileira traz para a historiografia do país um avanço inestimável no que diz respeito às interpretações da realidade de nosso passado e, assim, com o apoio do método materialista histórico, cria um marco indelével na separação entre as análises anteriores a ele e o que se produziu em matéria de história econômica e de economia política desde então. Sua visão, porém, assim como ressalvado por vários de seus contemporâneos e estudiosos do marxismo, pode ser alvo de apontamentos e ressalvas no que diz respeito à maneira unidirecional de seu ponto de vista. Ao afirmar a colonização dos trópicos como destinada ao fornecimento de produtos para o comércio europeu, exclusivamente, o autor exclui qualquer possível importância dos processos internos que se desenvolviam à margem dessa exportação. O fato de tais processos internos serem em maior ou menor medida exagerados ou diminuídos em seu peso relativo na economia exportacionista colonial também é objeto de disputa entre os estudiosos da colônia. Entretanto, de uma maneira geral, com o avanço da historiografia brasileira desde a época em que *Formação do Brasil Contemporâneo* foi escrito, fica claro que o papel da economia da colônia em seu funcionamento interno foi relativamente maior do que o proposto por Caio Prado Júnior, como por exemplo pretende demonstrar Ciro Cardoso. A unidade que a análise do autor de "Formação" requer, a partir do ponto de vista externo em relação à colônia, impede uma maior atribuição de importância aos mecanismos

---

13 Ibid., p. 29.

de produção de riqueza internos do Brasil, e também ao papel do escravo.

Sobre a contribuição de Caio Prado Júnior, afirma Jacob Gorender:

> Ultrapassou-se a "história comercial" e se avançou no caminho do conhecimento do arcabouço econômico-social; porém, só na medida em que permitia o mirante em que se colocava o pesquisador – a perspectiva do comércio exterior. Este impõe à colonização e à evolução brasileira o fim, o "sentido" – conceito reiterado na obra de Caio Prado Júnior –, e determina a natureza da estrutura em que se combinam três caracteres especiais: grande propriedade da terra, monocultura e trabalho escravo.[14]

Sobre a escravidão, continua:

> A escravidão propriamente merece poucas páginas na parte dedicada à "vida material" – a mais longa do livro –, só sendo abordada detidamente na parte reservada à "vida social", que se ocupa com aspectos superestruturais e em que se inclui também a apreciação do patriarcalismo, já sem verdadeira significação estrutural.[15]

A inserção do Brasil colônia, por outro lado, como uma peça participante do todo "sistema colonial" faz com que haja uma barreira metodológica aparentemente intransponível para se entender o espaço colonial brasileiro como possuidor de um modo de produção específico. Haveria, sim, um "modo de produção colonial", mas a que o Brasil colônia estaria anexado como engrenagem, tendo, portanto, que funcionar e seguir as leis tendenciais de desenvolvimento do todo colonial. Como afirma o autor:

---

14 GORENDER, Jacob. *O Escravismo Colonial*. São Paulo: Perseu Abramo, 2010, p. 51.
15 Ibid., p. 51.

> Em suma e no essencial, todos os grandes acontecimentos desta era a que se convencionou com razão chamar de "descobrimentos", articulam-se num conjunto que não é senão um capítulo da história do comércio europeu. Tudo que se passa são incidentes da imensa empresa comercial a que se dedicam os países da Europa a partir do séc. XV e que lhes alargará o horizonte pelo Oceano afora. Não têm outro caráter a exploração da costa africana e o descobrimento e a colonização das Ilhas pelos portugueses, o roteiro das Índias, o descobrimento da América, a exploração e ocupação de seus vários setores. É este último o capítulo que mais nos interessa aqui; mas não será, em sua essência, diferente dos outros.[16]

Entendimento que foi seguido por Fernando Novais. No entanto, é possível compreender a colônia brasileira como uma formação social fundada em um modo de produção específico local, quando se analisam maiores características específicas presentes na realidade da produção local, como fizeram, neste sentido, Ciro Flamarion Cardoso e Jacob Gorender. Esse reparo não é o único que pode ser tentado em relação à teoria de Caio Prado Júnior.

Apesar da interpretação pradiana representar um salto de qualidade inestimável na compreensão de nossa formação e ter fundado o mais consistente método para esta abordagem, ela não foi imune a críticas, tampouco se mostra o materialismo histórico infenso a melhorias de utilização. Como se poderá verificar a seguir, as críticas ao modelo pradiano proveram de autores que, além de ajustes a ela, produziram, por outro lado, na sua esteira, as mais completas pesquisas sobre a formação econômica e social do Brasil colônia.

2.2. As críticas ao modelo pradiano

Uma das primeiras críticas feitas ao modelo pradiano e que foi acompanhada de novos horizontes para a compreensão das

---
16 PRADO JÚNIOR, Caio. *História Econômica do Brasil*. São Paulo: Brasiliense, 2008, p. 14-15.

estruturas sociais e econômicas do Brasil colônia foi produzida por Antônio Barros de Castro e suas afirmações do escravo como ator social e o engenho como "fábrica incrível".

Antônio Barros de Castro faz, no geral de seus estudos, alguns reparos às interpretações de Caio Prado Júnior e apresenta suas próprias análises sobre a estrutura social na colônia, seu funcionamento e como escravos e senhores se relacionavam, principalmente na produção açucareira e, neste sentido, observa adicionalmente características dos engenhos que, aparentemente, haviam sido mal descritas por outros estudiosos.

Trabalhando por sua vez com o conceito de regime social, todavia não definindo teoricamente, o que significaria tal termo na classificação que faz desse regime, pode-se, portanto, compreender sua tentativa no âmbito de um estudo sobre a formação econômico-social, um termo mais amplo e no qual se incluiria um determinado modo de produção colonial, ou escravista-colonial.

Assim, entende-se que o autor se refere tanto à infraestrutura quanto à superestrutura na sua análise dos mecanismos sociais e econômicos da colônia. Veremos mais à frente, porém, a posição de Jacob Gorender no que diz respeito à necessidade de se firmar posição em um estudo do modo de produção colonial, e não iniciar o estudo já sobre a totalidade das estruturas presentes em um sistema, de maneira que "o estudo de uma formação social deve começar pelo estudo do modo de produção que lhe serve de base material".[17] A primazia do foco que Antônio Barros de Castro coloca na população escrava e em seu papel na sociedade é um avanço no que diz respeito à compreensão das relações produtivas na colônia, mas ela por outro lado parece revestir seus estudos, em alguns momentos, com um verniz de sociologia.

---

17 GORENDER, Jacob. *Op.Cit.* p. 59.

Refutando em algumas frentes a concepção de que o trabalho no engenho era de baixíssima qualidade, combinada com a também inexistência de algum nível técnico complexo nas etapas da produção de açúcar, Antônio Barros de Castro afirma que o entendimento de que esta suposta ausência de predicados do trabalho escravo se dava pela falta de interesse do cativo na produção é equivocado na medida em que, por exemplo, o trabalhador livre, o "moderno proletariado" também não possui este interesse e que, neste sentido, a execução das tarefas deste não é apreciada por uma suposta qualidade intrínseca. Não seria pelo fato de o escravo estar descolado do interesse da produção, ou mesmo relutante em executá-la, que *a priori* seu trabalho seria pobre, qualitativamente.[18]

A diferença intrínseca nesta situação equivalente, qual seja, a do desinteresse na produção pelo trabalhador escravo e pelo trabalhador livre, reside no fato de que, no caso do arranjo social da escravidão, ao contrário daquele observado nas sociedades de trabalho livre, é que enquanto nestas últimas o antagonismo de classes é disfarçado pela igualdade formal dos contratantes, na escravidão ele é explícito:

> A escravidão é um sistema social composto de classes explicitamente antagônicas. Consequentemente, o escravismo necessita estar "maduro" para ser posto em questão. Existe nele, desde sempre e a qualquer momento, um inextinguível potencial de rebeldia e rebelião.[19]

A observação de que no sistema da escravidão há desde sempre o potencial da rebeldia levará Antônio Barros de Castro a divisar a necessidade de negociação entre cativos e senhores, característica reafirmada quando considera também

---
18 CASTRO, Antônio Barros de. A Economia Política, o Capitalismo e a Escravidão. In: AMARAL LAPA, José Roberto do (Org.). *Modos de Produção e Realidade Brasileira*. Petrópolis: Vozes, 1980, p. 77-78.
19 Ibid., p. 78-79.

as requisições dos escravos em relação à disponibilização do produto proveniente de sua agricultura de subsistência e que eventualmente excediam suas necessidades de consumo, como veremos mais à frente.

A presença de certo nível de negociação nas condições de exploração sofrida pelos escravos é reafirmada pelo autor quando atesta que:

> Os escravos são fundamentalmente "cativos" e se ajustam (bem ou mal) ao aparelho de produção de que tratamos, por *uma combinação mais ou menos eficaz de violência, agrados, persuasão etc.* Paradoxalmente, portanto, os escravos, que a tradição juridicista teima em chamar de "coisa", impossibilitam a reificação das relações sociais – com o que fica definitivamente prejudicada qualquer tentativa no sentido de "descobrir a lei econômica que preside o movimento" deste regime social.[20]

É interessante observar a utilização, pelo autor, do termo "persuasão" naquilo que orienta seu entendimento sobre o ajustamento do escravo ao processo de produção. Se o escravo é coisa, simplesmente disponível ao mando do seu senhor, sem vontade própria, não seria necessário persuadi-lo com agrados, mas apenas com violência, ao trabalho. Para Antônio Barros de Castro o escravo já tem função social e a desempenha inclusive negociando com o senhor, além de também ser responsável pela produção de certos excedentes de produtos que precisavam, para sua comercialização, serem autorizados ao mercado. Desta maneira podemos entender a posição contrária do autor em relação à visão de Caio Prado Júnior, que afirmava:

> [...] chegamos ao cabo de nossa história colonial constituindo ainda, como desde o princípio, aquele agregado

---
20 Ibid., p. 94, grifos do autor.

heterogêneo de uma pequena minoria de colonos brancos ou quase brancos, verdadeiros empresários, de parceria com a metrópole, da colonização do país; senhores da terra e de toda sua riqueza; e doutro lado, a grande massa da população, a sua substância, escrava ou pouco mais que isto: *máquina de trabalho apenas, e sem outro papel no sistema.*[21]

Ou, ainda nos termos de Caio Prado Júnior, sobre ao que se observa da utilização do escravo na economia colonial:

> Ao recrutamento de povos bárbaros e semibárbaros, arrancados do seu *habitat* natural e incluídos, sem transição, numa civilização inteiramente estranha. E aí que os esperava? A escravidão no seu pior caráter, o homem reduzido à mais simples expressão, pouco senão nada mais que o irracional: "Instrumento vivo de trabalho", o chamará Perdigão Malheiro. Nada mais se queria dele, e nada mais se pediu e obteve que a sua força bruta, material. Esforço muscular primário, sob a direção e açoite do feitor.[22]

Antônio Barros de Castro também concorda, como não poderia deixar de fazer, com o fato de que o escravo é retirado forçosamente de seu habitat natural e colocado, sem transição, de maneira abrupta, em uma estrutura estranha tanto no ambiente social quanto no de produção,[23] mas, ao contrário de Caio Prado Júnior, entende que essa inserção inicial, excludente e que transformaria o cativo em um pária, não se mantém na medida em que este passa a conquistar um espaço de movimentação própria na maneira em que se relaciona com a realidade concreta que o rodeia.

---

21 PRADO JÚNIOR, Caio. *Formação do Brasil Contemporâneo – Colônia*. 23. ed. São Paulo: Brasiliense, 2004, p. 125, grifos do autor.
22 Ibid., p. 270.
23 CASTRO, Antônio Barros de. A Economia Política, o Capitalismo e a Escravidão. In: AMARAL LAPA, José Roberto do (Org.). *Modos de Produção e Realidade Brasileira*. Petrópolis: Vozes, 1980, p. 86.

Somando-se a este entendimento e, na afirmação de que o engenho na verdade era "uma máquina e fábrica incrível",[24] Antônio Barros de Castro irá relativamente alterar o ponto de vista da estrutura econômica colonial, retirando-o da simples determinação externa baseada no caráter exportacionista da colônia e o apontando para estruturas e funcionamento internos da cadeia produtiva.

Sobre os engenhos e a produção agrária, Caio Prado Júnior havia apensado uma compreensão de que tais unidades produtivas apresentavam a mais baixa qualidade e complexidade técnicas. Sobre esta produção, afirmara que o "sistema da grande propriedade trabalhada por mão de obra inferior, como é a regra nos trópicos, não pode ser empregada numa exploração diversificada e de alto nível técnico"[25] ou ainda que, nos séculos XVII, XVIII e mesmo no princípio do XIX, tinha como característica a precariedade e que "no terreno do aperfeiçoamento técnico, o progresso da agricultura brasileira é naquele período praticamente nulo".[26]

No entanto, por outro lado, a apreensão do funcionamento do engenho inserido na agricultura açucareira tem em Antônio Barros de Castro uma dimensão totalmente diferente:

> [os engenhos] deviam dispor de amplas instalações, mecanismos de prensagem, apetrechos para o tratamento da calda e clarificação do produto (para o que eram mandados vir "mestres" das ilhas atlânticas). Tudo isto, evidentemente, sofre desgaste, devendo ser reposto e reparado, a cada safra, e segundo determinadas normas técnicas. Os trabalhos do campo, por sua vez, exigiam a utilização de grandes turmas de escravos, aos quais caberia suprir o engenho de cana e lenha em quantidades ditadas (respeitadas

---

24 Id. *Escravos e Senhores nos Engenhos do Brasil. Um Estudo sobre os Trabalhos do Açúcar e a Política Econômica dos Senhores*. Tese de Doutorado. Campinas: Unicamp, 1976.
25 PRADO JÚNIOR, Caio. *Op. Cit.* p. 120.
26 Ibid., p. 133.

as restrições impostas pelo calendário agrícola) pela capacidade das instalações e, claro, pelo ritmo em que se desenvolviam os trabalhos de processamento.[27]

Este tipo de empreendimento, bem ao modo de um "engenho" do homem, requer, de seu lado, um tipo de administração que não seja despreocupada, tampouco que varie completamente de maneira circunstancial entre as safras e na produção do açúcar – representa, nas palavras do autor, um "complexo trabalho de administração" e, na necessidade de reposição de ferramentas, escravos, e na manutenção destes elementos, demanda "determinado nível de receita, proveniente da venda do açúcar e complementado, em maior ou menor medida, por diferentes modalidades de crédito".[28]

É importante ressaltar estas que são similitudes da análise do funcionamento do engenho e da economia agrária colonial com o funcionamento de uma empresa ou fábrica moderna – a do pleno capitalismo – e, de fato, na descrição de que o engenho de açúcar necessita dessa complexa administração de receita e de crédito reside a afirmação que, por estas características, o empreendimento deixa de se movimentar sob os auspícios da vontade do senhor. Ou seja, "o engenho se antropomorfiza e passa a determinar as ações do proprietário"[29] – a vontade do proprietário não é mais importante do que a determinação de suas obrigações que, em grande medida, dependem também da concorrência de outras áreas produtoras e dos preços dos produtos no mercado.[30]

---

27 CASTRO, Antônio Barros de. A Economia Política, o Capitalismo e a Escravidão. In: AMARAL LAPA, José Roberto do (Org.). *Modos de Produção e Realidade Brasileira*. Petrópolis: Vozes, 1980, p. 86-87.
28 Id., Ibid.
29 Ibid., p. 87.
30 Id. As Mãos e os Pés do Senhor de Engenho: Dinâmica do Escravismo Colonial. In: PINHEIRO, Paulo Sérgio (Coord.). *Trabalho Escravo, Economia e Sociedade*. Rio de Janeiro: Paz e Terra, 1984, p. 60-62.

Ou seja:

> O processo de trabalho num engenho escravista do século XVI é similar ao de uma grande lavoura (plantation) capitalista contemporânea. Além disso, mais se assemelha ao processo de trabalho numa grande fábrica inglesa do início do século XIX, que o (processo de trabalho) característico dos séculos XVI e XVII na Europa. Consequentemente, é lícito afirmar que, inserido no processo de produção material, o escravo constitui uma antecipação do moderno proletário. Por outro lado, o senhor de engenho encontra-se absorvido numa engrenagem que determina o seu comportamento, em função de "necessidades" que nada têm a ver com as suas próprias vontades e necessidades pessoais.[31]

O entendimento de que o escravo é também um ator social em sua vida na colônia, combinado com a afirmação do engenho como um empreendimento que segue leis mercadológicas internas e que devem ser respeitadas independentemente da vontade do senhor sob pena de fracasso, altera o ponto de vista "externo" de Caio Prado Júnior, o do olhar a partir do porto que envia as mercadorias produzidas na colônia para a metrópole. A partir das afirmações de Antônio Barros de Castro, a produção de mercadorias na colônia passa a ser regida por determinações também internas, conformando-se em um sistema produtivo complexo. A partir de então:

> O "objetivo" maior desta realidade – o seu "sentido" se se quiser – lhe é agora inerente: atender às múltiplas necessidades, garantir a sua *reprodução*. Em tais condições o comércio é estruturalmente recolocado e os interesses mercantis – bem como os da Coroa – terão necessariamente que ter em conta as determinações que se estabelecem ao nível da produção.[32]

---

31   Id. A Economia Política, o Capitalismo e a Escravidão. In: AMARAL LAPA, José Roberto do (Org.). *Modos de Produção e Realidade Brasileira*. Petrópolis: Vozes, 1980, p. 92.
32   Ibid., p. 88.

E porque há permanentemente no sistema da escravidão a "semente da rebelião", então é necessária a negociação com o cativo, desde que a manutenção de seu trabalho representa um requisito interno e inerente ao processo de produção. A inevitabilidade presente na reprodução do sistema remove a discricionariedade do senhor no que diz respeito ao tratamento dispensado aos escravos. Se é praticamente pacífico na historiografia que os escravos não podem ser totalmente negligenciados em suas condições de sobrevivência, pois necessários que são à produção e representantes de altos investimentos dos senhores coloniais, o reconhecimento de que, além do cuidado com as condições materiais, a "persuasão" é necessária, o escravo passa a ser agente de negociação, ou seja, é capaz de, em determinados momentos, expressar vontade pessoal e, por imposição da realidade concreta dos mecanismos que determinam a reprodução do sistema colonial, deve ter essa vontade considerada e mesmo satisfeita, deixando de ser apenas "coisa".

Destarte, o autor remove relativamente a determinação exclusivamente "exterior" do funcionamento da economia colonial. Antes apenas um reflexo dos interesses e necessidades da metrópole, a colônia passa então a funcionar na defesa de sua própria reprodução material que, já com alto nível de complexidade, começa a influenciar as decisões comerciais do colonizador, agora não podendo deixar de considerar em sua equação as características apresentadas pelas condições de produção. E, em favor deste "equilíbrio" necessário, virá a ser empreendido na colônia, como abordaremos mais adiante, o "sistema do Brasil", qual seja, a concessão de parcelas de terra para que os escravos possam plantar produtos agrícolas de subsistência e que, eventualmente, os colocarão também no circuito mercantil interno colonial quando passam a extrair excedentes destas roças.

A questão importante a se considerar na apreciação do autor em relação à atuação do escravo dentro do sistema de exploração de seu trabalho é se existe a possibilidade de que, inserido no meio mercantil e executando comércio em nome próprio, auferindo certa riqueza e tendo a possibilidade de dispor de seus próprios produtos, este seria, em determinados momentos, mais do que um "ator social" que negociava condições de trabalho, mas para além, um indivíduo capaz de, nas eventualidades em que se inseria no circuito mercantil, agir com uma "expectativa de direito", ou seja, se poderia ser considerado concretamente, mesmo que eventualmente e em situações específicas, um sujeito de direito ainda que à margem da legislação.

2.3. O escravo como "ator social"

As observações feitas por Antônio Barros de Castro a respeito do comportamento do escravo ensejam divisar um cativo negro que, além da resistência natural à exploração do trabalho, atuava mais adiante, quer por rebeliões, fugas ou mesmo como elemento que poderia ser considerado participante em revoltas políticas na colônia e na época política do império[33] e, nesta atuação, provocou uma mudança no panorama do tratamento a eles dispensado pelos senhores.

Basicamente, para que se evitasse a rebelião, os senhores passaram a entender a concessão de parcelas de terra como uma necessidade para que os escravos se mantivessem "pacíficos".

> [...] a questão da escravidão insere, no próprio âmago do sistema social que sobre ela se ergue, uma situação conflitiva, e, com ela, uma energia política primária, que ameaça, indetermina e introduz variantes na sua evolução histórica. Isto não impede, sem dúvida, que o escravismo

---

33 Como observa até Jacob Gorender, em seu artigo "Questionamentos sobre a Teoria Econômica do Escravismo Colonial". GORENDER, Jacob. Questionamentos sobre a Teoria Econômica do Escravismo Colonial. In: *Estudos Econômicos. Economia Escravista Brasileira*. São Paulo: IPE/USP, n. 13, jan.-abr., 1983, p. 15.

possa atravessar séculos gozando de relativa estabilidade; haverá, no entanto, que explicar como ele se mantém...[34]

Considerando a já citada passagem de Antônio Barros de Castro sobre a "antropomorfização" do engenho, o que seja, em sua visão, tal empreendimento tomaria vida própria inserido em um complexo de relações econômicas que não mais estão ao alcance e controle do produtor, e que este, portanto, ficaria à mercê de determinações do "mercado", possuindo apenas margem de manobra no que diz respeito ao comportamento mais adequado frente à concorrência. O autor afirma que a diferença específica do escravismo moderno é que neste "os senhores estão submetidos a uma engrenagem econômica [...] mas esta engrenagem se interrompe nos senhores", e continua:

> No capitalismo, uma vez constituído o proletariado, a pressão surda das condições econômicas sela o poder de mando do capitalismo sobre o trabalhador. Caracteristicamente, no entanto, no escravismo moderno – onde o escravo atua, "portas adentro", como um proletário – não há em princípio mecanismos sócio-econômicos a determinar seu comportamento.[35]

Como então controlar o escravo? Na visão do autor, com aquela combinação de violência, agrados e persuasão. Incluída nesta combinação, portanto, a "necessária" concessão de parcelas de terra para o cultivo próprio do negro.

Jacob Gorender, criticando a posição de Antônio Barros de Castro, faz considerações a respeito da afirmação deste último de que a "engrenagem" econômica se interrompia nos senhores. Porque a "determinação" econômica sob a qual o proprietário de engenho se subordinava incluía para este o necessário controle sobre a ferramenta de trabalho que era empregada na

---

34 CASTRO, Antônio Barros de. *Op. Cit.* p. 79.
35 Ibid., p. 93.

produção, ou seja, era necessário manter um controle rígido sobre o trabalho do escravo.[36]

E este controle, também como poderá ser observado mais à frente, era violento, mais do que "persuasivo". Gorender não nega que o escravo resistisse ao processo de trabalho ao qual era submetido. Aliás, antes, afirma que há essa resistência, mas considera aqui um ponto importante em relação às suas críticas em direção a Antônio Barros de Castro: se tanto assim o escravo era uma "antecipação do proletário moderno", seria impossível que essa similitude ocorresse sem um controle extremo do comportamento do cativo. O trabalho do negro era, por óbvio, essencialmente necessário à produção e estava indissociavelmente ligado a engrenagens econômicas, portanto. Elas não se interromperiam no senhor.

Se durante o período colonial da formação do Brasil a presença e comportamento da grande quantidade de escravos tendia a criar uma situação de tensão permanente para os seus proprietários, essa tensão não impediu que os senhores continuassem a "importar africanos em massa"[37] durante séculos e que, portanto, demonstrassem que as vantagens econômicas advindas da utilização do trabalho servil sobrepujavam em muito o medo da multidão de "bárbaros".[38]

É essencial entender, neste ponto, a diferenciação possível no que se refere à compreensão de que maneira o escravo, o negro cativo, comportar-se-ia no âmbito da estrutura colonial. De um lado, naquilo que pode parecer ligado a certo sincretismo de conceitos ligados a características da formação social da colônia e elementos econômicos do modo de produção – similitudes com o capitalismo, antecipação do proletário, inserção em

---

36   GORENDER, Jacob. *Op. Cit.* p. 13.
37   Ibid., p. 14.
38   COSTA, João Severiano Maciel da. *Memória sobre a Necessidade de Abolir a Introdução dos Escravos Africanos no Brasil*. Coimbra, 1921, p. 23 apud CASTRO, Antônio Barros de. *Op. Cit.* p. 98.

um sistema completamente estranho ao anterior – o escravo de Antônio Barros de Castro, o autor que mais afirmou de modo constante o papel de "agente histórico" daquele cativo – podemos entender o negro como fator a ser considerado nas relações sociais presentes na colônia. Não necessariamente como um fato das relações de produção presentes no sistema escravista. Para que houvesse uma afirmação de relações de produção específicas, haveria de ser apreciado no período colonial e durante a escravidão um também específico modo de produção escravista colonial, pois dessa maneira o comportamento do escravo seria determinado – ou melhor, condicionado na medida de seu controle – por caracteres mais ligados àquela "engrenagem" econômica citada por Antônio Barros de Castro e que se interromperia nos senhores.

A abordagem mais voltada a um entendimento econômico da presença do escravo, e sua indiscutível resistência à escravidão, foi fornecido por Jacob Gorender. Se no caso da necessidade de "persuasão por agrado" um dos resultados lógicos foi a admissão de que os senhores forneciam acesso a parcelas de terras de maneira que os escravos pudessem ter um determinado "conforto psicológico" (na afirmação de Ciro Cardoso, apreciada mais adiante no texto), fato que participou da conformação da chamada "brecha camponesa", conceito polêmico que associava o escravo a um camponês semiautônomo, para Gorender esta resistência, que sempre ocorreu, gerou um maior gasto de vigilância, antes de provocar uma "transformação" no regime social escravista.[39]

Para Gorender, o escravo não é capital fixo, como afirma grande parte dos estudiosos do período colonial escravista. Neste sentido, antes, seria este o próprio agente subjetivo da produção, desde que, considera o autor, todo processo de trabalho

---

39 GORENDER, Jacob. *Op. Cit.* p. 14.

possui tal agente, e o escravo não o deixa de ser apenas pelo fato de ser cativo, restringido e forçado a ele. Neste sentido, o escravo, mesmo brutalizado, não perde sua humanidade, condição esta que permanece mesmo nas específicas e ferozes situações que enfrenta nas relações de produção presentes no sistema produtivo colonial, ou seja, é ainda humano mesmo que "coisificado", reificado. E, de modo um tanto surpreendentemente idealista, Gorender afirma que nessa condição humana, a despeito de toda a brutalização que experimenta, é que reside a verdadeira resistência do escravo. Neste sentido, ele é ator social por existir em sociedade, mantém-se ser mesmo quando entendido como coisa.

É certo que Gorender não afasta a real resistência do cativo. Real no sentido que reconhece o fato do "corpo-mole" e mesmo da sabotagem, na manifestação, assim, de "vastíssimos atos".[40] Em relação a estas atitudes concretas dos cativos, tem a considerar um resultado diferente do de Antônio Barros de Castro, que vislumbrava a transformação do sistema escravista frente à resistência. Considera que a observação do comportamento de quilombolas demonstra a inclinação dos antes escravos, agora em liberdade, de reproduzir seu modo de vida pretérito, africano, de pequeno camponês, antes de tentar a transformação da sociedade. Esta inclinação, por sua vez, nada tem a ver com algum traço de personalidade, ou de resquício de submissão. É a própria estrutura do sistema escravista colonial, em sua força econômica, que impede aos escravos o caminho de agente histórico na via da transformação social, que não permite a eles a completude de participação como um ator social.

---

40 Ibid., p. 16.

3
O CONCEITO DE MODO DE PRODUÇÃO COMO FERRAMENTA DAS INTERPRETAÇÕES DA FORMAÇÃO BRASILEIRA: A ESPECIFICIDADE DO ESCRAVISMO COLONIAL

O progresso do estudo econômico-histórico no Brasil colônia avançou, desde os tempos da situação política do império em que primeiro foi produzido, no sentido de transitar entre visões a princípio patriarcalistas e antropológicas em direção a compreensões que se utilizam do cenário econômico, social e político subjacentes às estruturas coloniais, se considerarmos excluídas as visões que apenas alinham em sequência fatos políticos subsequentes para explicar o avanço e desenvolvimento de nossa formação social.

Ou seja, como afirma Jacob Gorender:

> Por motivos ideológicos, o primeiro tipo de interpretação sociológica colocou a classe senhorial no centro do quadro e, guiando-se por certos dos seus caracteres exteriores, modelou a história de uma sociedade patriarcal e aristocrática.[1]

---
1 GORENDER, Jacob. *O Escravismo Colonial*. São Paulo: Perseu Abramo, 2010, p. 49.

Em se considerando as interpretações mais modernas, como por exemplo a de Gilberto Freyre e Oliveira Vianna, e como vimos anteriormente, a carga ideológica era ainda a mais representativa das interpretações, como no caso de Francisco Varnhagen. Nestas vertentes, o foco dos estudos estava na grande propriedade, no latifúndio que representava a "categoria central" de análise, ou seja, havia o entendimento que levaria a conclusões apresentando o Brasil colonial como local de instalação e funcionamento de um tipo de feudalismo.

No entanto, como impossível de outra maneira, a presença do escravismo moderno e o papel do escravo na colônia não poderiam deixar de ser apreciados, mas para que estes pudessem se adaptar àquela interpretação foram relegados a um segundo plano de importância, ou seja, como acessórios do grande latifúndio, ou simplesmente diminuídos arbitrariamente em sua significância.

Um salto de qualidade na análise da história brasileira se deu na medida em que caracteres econômicos foram adicionados às condicionantes de nossa formação. De início nessa análise, o comércio exterior recebe a maior importância relativa e passa a "governar" a maneira como nos desenvolvemos e nos formamos. Se esta abordagem econômica representa uma interpretação menos eivada de preconceitos étnicos ou de "magnanimidades" senhoriais, ainda assim faltava a esta análise uma profundidade metodológica que explicasse a regra estrutural de nossa formação econômica que não fosse apenas ligada a períodos de maior aceitação ou declínio dos produtos que aqui se produziam. Ou seja, o primeiro tipo de estudo que se baseava em caracteres econômicos nas tendências de desenvolvimento em nossa história era o dos "ciclos econômicos", como levado ao cabo por Roberto Simonsen,[2] o pesquisador que mais longe

---

2 SIMONSEN, Roberto C. *História Econômica do Brasil: 1500-1820*. Brasília: Edições do Senado Federal, 2005.

e corretamente se movimentou dentro das possibilidades dessa interpretação.

Ainda assim a utilização da teoria dos ciclos econômicos se mostrou limitada em explicar a totalidade dos acontecimentos da história brasileira. Superada foi, ainda no campo da análise econômica, pela interpretação de Caio Prado Júnior, que identificou um motivo subjacente e perene a todos os ciclos econômicos. Para este autor, cada ciclo não representava diferente sistema de arranjo econômico, mas participava de uma realidade concreta mais profunda, a característica exportadora na instituição do Brasil colônia. Foi, desse modo, determinada a independência da "história comercial e se avançou no caminho do conhecimento do arcabouço econômico-social; porém, só na medida em que permitia o mirante em que se colocava o pesquisador – a perspectiva do comércio exportador",[3] como afirma Jacob Gorender.

A última assertiva do autor, no entanto, já lança as sementes da crítica ao modelo de Caio Prado Júnior e guiará o florescimento daquilo que ele, Jacob Gorender, e Ciro Cardoso oferecerão como suas maiores contribuições sobre o estudo da formação brasileira: a interpretações a respeito de um modo de produção colonial.

Apesar do estudo sobre as características da economia brasileira colonial ser determinado pelo caráter exportador da colônia e ter proporcionado um grande aumento qualitativo nas interpretações sobre nossa formação, ele ainda sobrepunha a importância do circulacionismo frente às relações de produção na colônia. Ou seja, diante de determinadas categorias presentes nos estudos da colônia, como "mercadoria" e "capital", o estudo das características coloniais foi feito de maneira dedutiva, afirmando, portanto, a presença do capitalismo nesta época histórica brasileira.[4]

---

3   GORENDER, Jacob. *Op. Cit.* p. 51.
4   Ibid., p. 54.

No entanto, um grande problema teórico necessitava ser trabalhado em favor da afirmação de um possível capitalismo colonial: a presença do trabalho escravo não se adapta à teoria marxista sobre o modo de produção capitalista. Neste sentido vem contribuir enormemente para o avanço do estudo do modo de produção colonial o trabalho de Ciro Flamarion Cardoso.

Ciro Cardoso dá um passo no sentido de se afastar de um entendimento genérico e "universalizante" em relação ao modo de produção colonial e se aproxima de uma explicação específica de como se arranjava a correlação entre as forças produtivas e relações de produção dentro das especificidades próprias do espaço colonial escravista (e, portanto, também do brasileiro).

Inaugurando o estudo sobre a formação colonial a partir de categorias marxistas de análise, Ciro Cardoso dá início àquela que se conformaria na mais profícua discussão acerca dos reais caracteres econômicos e sociais presentes em nossa constituição. A partir da afirmação de que nas colônias não há um modo de produção que possa ser identificado com qualquer outro que tenha havido, como o feudal, ou que ainda esteja em conformação, como o capitalista, o autor lança uma hipótese de trabalho que seria levada ao extremo teórico, dentro das possibilidades documentais até então disponíveis, por Jacob Gorender, em sua obra *O Escravismo Colonial*. Na medida em que Ciro Cardoso advoga pela existência de um modo de produção específico da época colonial escravista a partir de categorias marxistas de análise, Gorender pretende percorrer o caminho da compatibilização teórica do materialismo histórico com a realidade observada nas colônias.

3.1. Modo de produção dependente e escravista colonial: Ciro Cardoso e Jacob Gorender

Apesar da aplicação da teoria marxista na interpretação da formação brasileira ter demonstrado aos historiadores e estudiosos de nossa constituição a possibilidade da utilização de um ferramental científico e metodológico de grande capacidade explicativa, no âmbito do marxismo sempre houve impasses teóricos na caracterização do tipo de modo de produção havido à época do Brasil colonial.

Esta questão se relaciona com o fato de que o campo de estudo da economia política se consolidou em um momento histórico em que o capitalismo já assomava como modo de produção totalizante e, de fato, os estudos de Marx e Engels referem-se primordialmente a estes acontecimentos. Neste sentido, Jacob Gorender:

> A economia política nasceu e se constituiu em ciência no processo de formação do capitalismo. Teve por objeto, desde logo, o sistema de relações próprio do capitalismo. A crítica à teoria clássica de Smith e Ricardo, elaborada por Marx e Engels, também tomou o capitalismo por objeto, resultando na teoria do modo de produção capitalista.[5]

Portanto, continua o autor, é concebível e compreensível que nas correntes marxistas do pensamento econômico proliferassem afirmações que decretavam ser o modo de produção capitalista, assim como a economia mercantil, objetos exclusivos do estudo da economia política. E, de fato, com o prosseguimento dos estudos econômicos de nossa formação, baseados no materialismo histórico, após Caio Prado Júnior, verifica-se uma tendência da declaração da presença do capitalismo desde nossa formação, como no caso dos estudos de Fernando Novais. No entanto, dificuldades metodológicas continuamente se apresentaram a este tipo de caracterização. Adicionalmente, como será visto mais à frente, houve a necessidade da confusão, em algumas análises, entre o que se chamou de mercantilismo

---

5 GORENDER, Jacob. Questionamentos sobre a Teoria Econômica do Escravismo Colonial. In: *Estudos Econômicos. Economia Escravista Brasileira*. São Paulo: IPE/USP, n. 13, jan.-abr., 1983, p. 7.

– neste caso, nos termos de Gorender, a economia mercantil – e o capitalismo propriamente dito como modo de produção totalizante, conceitos e funcionamentos econômicos distintos, mas que em seu sincretismo serviram à afirmação do modo de produção capitalista em nosso período colonial.

O grande salto metodológico nesta esfera foi dado por Ciro Flamarion Cardoso em seu artigo denominado "Sobre los Modos de Producción Coloniais de América", onde afirma a existência de um modo de produção específico para a América colonial, não sendo este senão, em seus termos, "modo de produção dependente" e não capitalista, tampouco feudal. A abordagem de um modo de produção específico para a época da utilização da escravidão nas colônias com a finalidade de fornecimento de produtos para um mercado mundial em expansão também é o resultado da produção de Jacob Gorender, de seu lado na definição do modo de produção "escravista colonial".

Mas, neste ponto, o que significa exatamente a utilização do termo "modo de produção" e, adicionalmente, então, capitalista, feudal ou "dependente, escravista colonial" a ser vaticinado como explicação científica da formação econômica brasileira, a depender do autor de que se lança mão?

A economia política clássica, nestes termos representada pelo nascimento do conhecimento pretensamente sistemático do sistema capitalista, primordialmente com Adam Smith e, após, com David Ricardo, surgida na modernidade, desta se beneficiou no pensamento de categorias de estudo permanentes, eternas e também do conhecimento apriorístico kantiano. Tal estudo – de certo modo presente até os dias atuais, variando nas técnicas e na nomenclatura, mas mantendo o que de principal caracterizava seu "método" investigativo – busca a racionalidade na alocação de fatores de produção e no comportamento do capitalista e, dessa maneira, considera o mundo econômico como imutável, intemporal,[6] variando apenas no sentido de como racionalizar a utilização de possibilidades produtivas em um mesmo conjunto de regras do jogo econômico. A imutabilidade de regras e a transferência de sua validade entre períodos históricos é característica moderna, tanto no campo da economia quanto no do direito. A razão que apreende tendências e as extrapola para a história da humanidade é – e precisa ser, para a justificativa formal do capitalismo – universal.[7]

Como afirma Márcio Naves, neste esteio:

> A classe dominante de cada época histórica apresenta as suas idéias, representações e conceitos como verdades eternas, e os seus ideólogos apresentam as relações sociais de domínio dessa mesma classe como sendo relações eternas [...] o que permite que elas sejam apresentadas como a expressão da razão ou da natureza.[8]

No entanto, para Marx e Engels, o estudo da economia política resultou na sua crítica histórica, ou seja, suas características não são universais e atemporais, mas antes determinadas historicamente e, deste modo, impede este entendimento que as categorias ou tendências do capitalismo possam ser estendidas a momentos econômicos e sociais precedentes. Ou seja, a economia política "deve ter por objeto a pluralidade dos modos de produção, cada qual regido por suas leis específicas".[9]

Ou seja, os homens, na acepção clássica do marxismo, produzem socialmente, e por esta produção são determinados historicamente.

Entretanto, afirmar o caráter histórico de categorias de estudo também, por outro lado, não significa a inexistência de perenidade de algumas dessas categorias. O próprio modo

---

6   GORENDER, Jacob. *O Escravismo Colonial*. São Paulo: Perseu Abramo, 2010, p. 60.
7   MASCARO, Alysson Leandro. *Filosofia do Direito*. São Paulo: Atlas, 2010, p. 140.
8   NAVES, Márcio Bilharinho. *Marx, Ciência e Revolução*. São Paulo: Moderna; Campinas: Editora Unicamp, 2000, p. 36.
9   GORENDER, Jacob. *Op. Cit.* p. 60.

de produção é uma categoria geral e permanente, desde que em todas as épocas históricas o homem se organizou para produzir, ou subsistir por meio de produtos retirados da natureza. Como Marx afirma, na produção, "algumas determinações [elementos] pertencem a todas as épocas; outras são comuns apenas a algumas"[10] e, neste sentido, o próprio homem, como sujeito, e a natureza, como objeto da produção, são permanentes.

Resta, portanto, descobrir de que maneira é possível identificar determinado modo de produção, ou seja, o arranjo específico pelo qual os homens produzem em dado momento histórico, e como este tipo de produção pode influenciar a forma em que se organizam socialmente. A base de produção econômica, assim, necessita ser apreendida a partir de certas características que contenham categorias específicas e historicamente determinadas que a individualize, e do geral – o modo de produção – possa alcançar o particular, tal qual modo de produção: capitalista, feudal, escravagista ou, nos termos de Ciro Cardoso e de Jacob Gorender, colonial dependente ou escravista colonial.

Na análise marxista empreendida por Caio Prado Júnior, como já visto, o modo de produção seria capitalista, constituindo-se o Brasil como aquela "vasta empresa comercial", abordagem que foi seguida e complementada por outros historiadores, também com a aplicação da teoria marxista, como Fernando Novais. Mas o que, na análise histórica, autoriza a afirmação de um modo de produção tal ou qual em nosso período colonial? Ou, em outros termos, como desautorizar, como o fez de início Ciro Cardoso, o modo de produção capitalista e asseverar, de outro modo, a presença de um modo de produção específico colonial?

---

10   MARX, Karl. *Grundrisse. Manuscritos Econômicos de 1857-1858. Esboços da Crítica da Economia Política*. São Paulo: Boitempo, 2011, p. 41.

Em seu já citado artigo, Ciro Cardoso afirma, ao encontro da observação de Gorender sobre o fato de que os estudos de Marx e Engels se alocavam no período e a respeito do sistema relacional do capitalismo, que não há nos textos de Marx uma verdadeira teoria sobre os modos de produção coloniais.

As referências de Marx sobre a produção de mercadorias na América com a utilização de força de trabalho escrava ligam-se primordialmente a fontes descritivas do sistema presente no Sul dos Estados Unidos, e não há extensão compreensiva da análise para o restante do continente. Adicionalmente, as referências mais presentes em sua obra não se relacionam com o estudo de um dado modo de produção, mas mais voltadas à própria escravidão.

Devemos neste ponto considerar a utilização, pelo autor, do plural para os termos "modos de produção" e "coloniais". Admite-se aqui, aliás pelo próprio conteúdo dos escritos assim como ao que eles se referem, "Sobre los Modos de Producción Coloniales de América", que o autor alude obviamente à colonização americana, considerando o continente como um todo e, desse modo, desconsiderando quaisquer características tendentes à definição de um tipo específico de colonizador, quer seja ele francês, inglês ou português. Ao encontro, portanto, de uma análise materialista-histórica e se afastando de interpretações sociológicas sobre a presença de tal ou qual "aventureiro" a determinar características da exploração no continente implementada.

Talvez fosse possível, neste sentido, inferir a possibilidade de que, no que se refere à colonização americana, tenha havido mais de um modo de produção em que estivesse presente a exploração comercial de produtos voltados à exportação e baseada no escravismo. É necessário, entretanto, ressaltar o fato de que Ciro Cardoso apresentou as ideias contidas neste artigo como hipóteses, como ele mesmo afirma no texto e como salientou corretamente Jacob Gorender.[11]

No entanto, ao basear suas considerações seguintes na obra de Eugene Genovese e em sua afirmação a respeito de que havia duas formações sociais distintas nos Estados Unidos, antes de 1861, uma capitalista no Norte e outra escravista no Sul, o autor justifica a utilização do termo "modos de produção" nas colônias.[12] Dessa maneira, poder-se-ia inferir, pela obra citada do historiador estadunidense, então um modo de produção capitalista, no Norte dos Estados Unidos, e que não se confundiria com o modo de produção escravista do Sul, assim como não poderia aquele se relacionar com o presente no Brasil.

Ainda assim, este recurso referencial de Ciro Cardoso é utilizado para o questionamento da presença de um modo de produção capitalista no Norte dos Estados Unidos. A partir da conhecida – e polêmica – afirmação de Marx nos *Grundrisse* de que os plantadores americanos são capitalistas, no entanto inseridos assim como anomalias em um mercado mundial livre de trabalho, Ciro Cardoso passa a considerar o problema teórico desta afirmação, em primeiro lugar no que concerne à assertiva de um ou outro específico modo de produção apenas pela presença de tal ou qual tipo de exploração do trabalho e, posteriormente, naquilo que se refere à presença de um "mercado mundial livre de trabalho" antes do momento em que o capitalismo se transforma em modo de produção dominante no mundo.

Nestas bases, traz à análise o fato de que não se pode definir um determinado modo de produção apenas a partir da presença

---

11 GORENDER, Jacob. O Conceito de Modo de Produção e a Pesquisa Histórica. In: AMARAL LAPA, José Roberto do (Org.). *Modos de Produção e Realidade Brasileira*. Petrópolis: Vozes, 1980, p. 54.

12 CARDOSO, Ciro Flamarion Santana. Sobre los Modos de Producción Coloniales de América. In: ASSADOURIAN, C. S. et al. *Modos de Producción en América Latina*. 2. ed. Buenos Aires: Cuadernos de Pasado y Presente, 1974. A obra de Eugene Genovese citada pelo autor é "A Economia Política da Escravidão": GENOVESE, Eugene D. *Economie Politique de l'Esclavage*. Paris: F. Maspero, 1968, p. 28-33.

ou não de uma forma de exploração, mesmo quando esta seja dominante localmente. Ele apenas pode ser definido levando-se em consideração o conjunto das relações de produção, que por sua vez corresponde a um tipo e um nível determinado das forças produtivas. Ou seja, traz a lume uma afirmação especialmente marxista, e que não foi, ao menos nos *Grundrisse*, utilizada pelo próprio Marx na determinação de que os plantadores americanos eram capitalistas, pela prova a *contrario sensu*, pois representavam anomalias em se utilizando de trabalho escravo.

A *contrario sensu* porque, de acordo com Jacob Gorender, apesar da passagem dos *Grundrisse* não afirmar explicitamente que o modo de produção em que operavam os plantadores americanos era o capitalista, assim pode-se concluir, desde que se utilizavam de escravos e desse modo constituíam "anomalia", pois, eles próprios capitalistas que não se valem do trabalho livre.[13] E, neste sentido, continua o autor considerando que, se assim compreendido, o modo de produção americano não poderia ser considerado "anômalo", visto que "representou uma tendência dominante, durou séculos, avassalou enormes extensões territoriais, mobilizou dezenas de milhões de seres humanos e serviu de base à organização de formações sociais estáveis e inconfundíveis". Adicionalmente, faz uma valiosa ressalva a respeito do *status* de "rascunho" que os *Grundrisse* ostentam, e sobre a possibilidade que haja passagens contraditórias, no que diz respeito à elaboração teórica de *O Capital*.

Neste sentido, Ciro Cardoso considera que os plantadores americanos, localizados no sul do país, poderiam – e tinham, neste caso, especificamente – ter características de empresários capitalistas. Exploravam, por exemplo, fábricas onde se processavam mercadorias voltadas ao consumo das cidades, mas, também, ao das plantagens. No âmbito da produção citadina

---

13 GORENDER, Jacob. *O Escravismo Colonial*. São Paulo: Perseu Abramo, 2010, p. 86.

inclusive, mesmo no Sul, era possível que se pagassem salários, mesmo para negros.

Esta característica capitalista, porém, como aventado, não pode ser extrapolada à afirmação de que tais industriais eram capitalistas. Da escravidão se beneficiavam, muitos deles simultaneamente exploravam plantagens escravistas, ou tinham parentes plantadores, e dependiam da estrutura escravista, inclusive da institucional, pois as "assembleias legislativas do sul dos Estados Unidos eram dominadas pelos plantadores".[14]

Considera após, todavia, o enfoque dado por Marx já no texto de *O Capital*, que afirma ser muito mais "matizado": uma sociedade não capitalista, mas onde se implantam e passam a operar concepções capitalistas de funcionamento, dado o movimento global das forças produtivas e das relações de produção que indicavam o rápido avanço do capitalismo como modo de produção totalizante.

Deste modo temos uma sociedade escravista, fornecendo produtos para um mercado mundial em rápida transformação e em direção ao capitalismo total. No entanto, esta sociedade e seu modo de produção ainda não são capitalistas.

Neste ponto da consideração, portanto, cabem as perguntas feitas por Ciro Cardoso e que resultariam na evolução do pensamento na esfera da economia política sobre um modo de produção específico colonial:

> As fórmulas que pretendem apreender as linhas de força de um processo ou de uma época permanecem válidas e úteis quando o objeto de estudo já não é o movimento de conjunto, mas, comparado a ele, é secundário, dependente, periférico, marginal, e portanto "atípico"? Ou é necessário desenvolver instrumentos de análise capazes de dar conta da especificidade do objeto que

---
14 CARDOSO, Ciro Flamarion Santana. *Op. Cit.* p. 136.

se quer estudar, ainda considerando, naturalmente, o movimento global?[15]

Nas afirmações do autor o conceito de modo de produção foi uma criação de Marx, mas, apesar deste ter sido aplicado extensivamente nos estudos marxianos, como se observa de maneira óbvia, estes não trazem uma explicação teórica completa e definitiva do que seria aquele conceito. A utilização do termo, inclusive, não é unívoca: pode se referir a uma mais simples "maneira de produzir", ou seja, em um sentido mais "etimológico e descritivo"; a uma identificação de uma série de modos de produção que, em suas determinadas épocas históricas e localidades, foram dominantes e que definem "épocas progressivas" da evolução histórica (por exemplo, o então feudalismo dominante foi sobrepujado pelo capitalismo que veio, então, a dominar a época subsequente); ou a um termo que representa modos de produção que poderiam ser entendidos como "secundários", ou seja, que jamais chegariam a ser dominantes (e, neste sentido, devem portanto conviver com modos de produção que são dominantes e que não os extinguem).

A esta altura do desenvolvimento o autor julga necessário apresentar alguns esclarecimentos acerca das "épocas progressivas", ou estágios de evolução dos modos de produção que pretensamente poderiam ser encontrados nos textos de Marx. Esta inserção explicativa se justifica, desde que a admissão incontestada – qualquer seja o motivo para tal – do dogmatismo stalinista a respeito dos famosos "cinco estágios" de evolução da humanidade, a saber, comunismo primitivo, escravismo antigo, feudalismo, capitalismo e socialismo, causou muitos danos teóricos para a interpretação marxista trazida à tona por diversos autores pretendentes a uma explicação da formação brasileira, como veremos a seguir.

---

15 Ibid., p. 137.

Tal dogmatismo pretendeu extrair dos estudos de Marx uma necessária evolução entre os modos de produção acima citados, evolução sequencial e universal, para todos os povos e regiões humanos. Mas tal sequencialidade nunca existiu para Marx, tampouco a universalidade.[16] Marx expressamente se referiu à evolução do capitalismo na Europa ocidental, e em nenhum momento asseverou que essa "marcha histórica" se aplicaria de modo totalizante. Considera Cardoso que, dentre outros impasses teóricos, há a falha de não se admitir o modo de produção asiático no pretenso esquema marxiano, modo de produção este "condenado" pelos estudiosos soviéticos. Bastaria esta observação para que tivéssemos noção da incapacidade explicativa deste dogmatismo. Adicionalmente, lista o que entende ser a base do conceito de evolução dos modos de produção para Marx: refere-se ao conjunto da área europeia e mediterrânea considerada como o epicentro de um processo mais vasto; trata-se de apenas um dos caminhos possíveis de evolução em meio a outros; as etapas que a caracterizam não são necessariamente cronológicas e lógicas, avanços geográficos de modos de produção cada vez mais avançados no que se refere às possibilidades abertas pelo desenvolvimento de suas forças produtivas; tal sucessão não é linear; e, por fim, mais importante, a via de evolução europeia-mediterrânea parecia a Marx ser atípica, na medida em que foi esta resultar num mercado mundial e no modo de produção capitalista, o primeiro a ser realmente universal, inaugurando a "história mundial" e a possibilidade de se superar a sociedade de classes.[17]

De acordo com Jacob Gorender, neste referencial, a teoria marxista foi lançada a um "atoleiro dogmático"[18] pelo stalinismo. Para Gorender, o benefício da economia política como

---

16 Ibid., p. 138.
17 Ibid., p. 139.
18 GORENDER, Jacob. *Op. Cit.* p. 56.

trazida a lume por Marx e Engels é a possibilidade de se entender que – ao mesmo tempo em que se considera a base material produzida pelos homens como o determinante de sua história e, como dito anteriormente, através deste conceito que é, afinal, o de modo de produção, pode-se generalizar o tipo de estudo científico para todos os períodos humanos, desde que o homem sempre produziu – a categoria modo de produção só pode ser entendida através de "cada organização social historicamente determinada".[19] Ou seja, a história da humanidade passa a ser objeto de apreensão através do foco da sucessão dos modos de produção e de suas respectivas formações sociais, em determinado momento, sob determinadas condições.

Esta capacidade concedida pelo materialismo histórico impede o historicismo, "o apriorismo e a teleologia",[20] defeitos grandemente utilizados pela teoria soviética stalinista.

Mas, se então não é possível aplicar a sequência universalizante pretendida neste dogmatismo à evolução americana e brasileira – impedindo que se proceda à tentativa de identificar apoditicamente a presença do feudalismo (como "necessidade" cronológica) e tampouco identificar o capitalismo pelo motivo de haver um mercado mundial onde se comercializa as mercadorias aqui produzidas – como avançar no estudo do modo de produção colonial?

Ciro Cardoso afirma que as três aproximações a partir das quais se pode identificar a maneira em que Marx se utilizou do termo "modo de produção" foram mal aplicadas ao estudo do período colonial. Se resta demonstrada que existência da sequência universal dos estágios necessários stalinistas é infundada, a manipulação do enfoque de modos de produção secundários também foi equivocada, na medida em que frequentemente tais modos são alçados ao mesmo nível de importância

---

19 Ibid., p. 86.
20 Ibid., p. 61.

do predominante, o que chama de "absurdo".²¹ Defeito, é necessário salientar, que o próprio Ciro Cardoso incorreu mais tarde em sua insistência na chamada "brecha camponesa", o que será considerado, no entanto, apenas mais à frente no texto. Por outro lado, a primeira das aproximações, qual seja, a simples "maneira de produzir" não tem estatuto de definição teórica para ser compreensivamente aplicada a uma explicação de um modo de produção.

O resultado dessas imprecisões acaba por desembocar em termos como "neofeudalismo", "semifeudalismo", por exemplo, na determinação do modo de produção colonial. Termos que, de acordo com o autor, só demonstram a confusão teórica em que se envolveram os estudiosos tentativos das três aproximações. Inclusive, na acepção do autor, incorre neste erro Alberto Passos Guimarães que, ao negar o capitalismo na colônia brasileira – neste caso ao menos corretamente – afirma que o modo de produção aqui encontrando foi *sui generis* por conter regime feudal de propriedade em concomitância com regime escravista de trabalho.

A alternativa oferecida por Ciro Cardoso a todas essas imprecisões e incapacidades teóricas foi o conceito – ou como prefere assinalar no texto, a "hipótese" – de uma categoria diversa: a dos modos de produção dependentes. Para justificar tal proposta o autor se vale de uma breve lista descritiva oferecendo explicações do motivo de sua escolha.²² Como argumento de força, inicia a proposição simplesmente afirmando que, de acordo com o exposto, as formações sociais presentes na América são irredutíveis aos modos de produção concebidos por Marx para a evolução da região europeia e mediterrânea. É certo que a exposição anterior do texto não fornece grande peso ao que significaria o termo formação social e como, em última análise, ele se relacionaria com os modos de produção.

---
21 CARDOSO, Ciro Flamarion Santana. *Op. Cit.* p. 140.
22 Ibid., p. 142.

No entanto, esta aclaração virá mais à frente com a exposição do pensamento de Jacob Gorender que, em certa medida, neste ponto, reafirma o entendimento de Cardoso através de bases mais extensas, exceto naquilo que se refere à polêmica da chamada "brecha camponesa".

Quanto à possibilidade de existência de mais de um modo de produção nas Américas, Ciro Cardoso afirma ser possível identificar que, na extensão territorial do continente americano, houve um tipo específico de modo de produção prevalente em grandes áreas, que se estendia pelo sul dos Estados Unidos, Brasil, Antilhas, Guianas e em parte da América espanhola continental e que foi dominante sobre diversas formações sociais neste espaço. Além disso, tal modo de produção prevalente teria coexistido com outros secundários. Contudo, afirma que, por outro lado, a característica da dependência – o fato de que parte do excedente econômico era transferido para as regiões metropolitanas – "por circunstâncias do próprio processo genético-evolutivo das sociedades em questão"[23] é um dado inseparável do conceito e das estruturas de tais modos de produção.

Como último argumento, oferece a explicação de que, nestes termos, a dinâmica dos modos de produção coloniais é especialmente complexa e, deste modo, ela deve ser estudada considerando-se a influência externa, e não apenas através de suas contradições internas, investigando-se como este influxo é internalizado em função destas contradições.

É interessante notar nesta altura do texto de Ciro Cardoso que a esta última justificativa não apresenta uma explicação em si a respeito do porquê da necessidade de se reconhecer um modo de produção específico colonial na América. Considera – um tanto tautologicamente, é preciso dizer – que as dinâmicas dos modos de produção americanos são complexas e que, de uma

---

23   Id., Ibid.

certa maneira, não podem ser excluídos em seu funcionamento da influência externa que sobre eles assoma. No entanto, não delimita, exceto pelo fato de uma das justificativas afirmar que a característica geral de tais modos de produção é a exportação de excedentes econômicos, qual seriam estas influências externas.

Neste sentido pode o leitor desavisado vislumbrar que, apesar de uma dinâmica interna particular, o modo de produção colonial eventualmente estaria vinculado a um plano de análise maior, qual seja, o do sistema colonial europeu, e deste apresentaria as leis tendenciais. Esta abordagem é, por exemplo, a de Fernando Novais que, por seu lado, vaticina o capitalismo como modo de produção nas colônias americanas.[24] Adicionalmente, ao fornecer uma nota de rodapé para esta última das explicações, o autor cita Fernando Henrique Cardoso, ou seja, a famosa "teoria da dependência", nos seguintes termos:

> El papel de los sociólogos de la dependencia (Fernando Henrique Cardoso, Enzo Faletto etc.) fue importante en el sentido de aclarar esa dinámica interna-externa; sin embargo, ellos no intentaron construir una teoría de los modos de producción coloniales, y no vacilan en utilizar expressiones como "capitalismo comercial", por ejemplo.[25]

---

[24] Ver a esse respeito NOVAIS, Fernando A. *Estrutura e Dinâmica do Antigo Sistema Colonial*. 5. ed. São Paulo: Brasiliense, 1990: "Numa primeira aproximação, o sistema colonial apresenta-se-nos como o conjunto das relações entre as metrópoles e suas respectivas colônias, num dado período da história da colonização: na Época Moderna, entre o Renascimento e a Revolução Francesa; parece-nos conveniente chamar essas relações, seguindo a tradição de vários historiadores (Beer, Schuyler, Lipson), *Antigo Sistema Colonial* da era mercantilista." (p. 13). E: "Examinada, pois, neste contexto, a *colonização* do Novo Mundo, na Época Moderna, apresenta-se como *peça de um sistema, instrumento da acumulação primitiva* da época do capitalismo mercantil." (p. 33). Adverte-se que, neste texto dissertativo, a utilização do termo "modo de produção colonial" e similares referem-se apenas ao simples entendimento de "um modo (ou modos) de produção presente nas colônias" e não implica necessariamente na inserção deste modo de produção no sistema colonial, tampouco no fato de que os modos de produção na América seguiriam as leis tendenciais do sistema colonial como um todo.

[25] CARDOSO, Ciro Flamarion Santana. *Op. Cit.* p. 157.

Está correto o autor quando exclui a explicação do "modo de produção dependente" da teoria da dependência, salientando que a contribuição dos "sociólogos da dependência" foi no sentido de aclarar esta dinâmica, mesmo porque não hesitam em utilizar – ou seja, afirmar – a existência de um pretenso capitalismo comercial nas colônias. Todavia, esta passagem causa certa confusão, pois o termo modo de produção dependente é imediatamente correlato ao "capitalismo dependente" o que, ao nosso ver, representa conceito diverso daquele.

Para esta discussão contribui Jacob Gorender, ao oferecer considerações a respeito dos conceitos de modo de produção dependente e capitalismo dependente. Gorender salienta que, se quisermos apreciar um modo de produção (escravista) colonial no sentido de defini-lo como único, e não como secundário, tampouco como capitalista ou como cópia de um modo externo, o devemos fazer através da análise de suas leis tendenciais e específicas, sob as quais sua dinâmica se desenrola. E, assim, classificar um modo de produção como "dependente" vai de encontro com sua eventual singularidade.[26] Apesar de afirmar que concorda com a afirmação de Ciro Cardoso sobre a existência de um "modo de produção escravista colonial", sendo este passível de "cabal comprovação historiográfica", faz a seguinte ressalva:

> Não obstante, o próprio estatuto teórico do conceito de modo de produção dependente (ou colonial) pode ser posto em questão. Se um modo de produção deve ser conceitualmente uma totalidade orgânica, será possível conceber como tal uma realidade cuja existência só é explicada pela sua dependência com relação a uma outra realidade, que lhe é extrínseca?[27]

---

26 GORENDER, Jacob. O Conceito de Modo de Produção e a Pesquisa Histórica. In: AMARAL LAPA, José Roberto do (Org.). *Modos de Produção e Realidade Brasileira*. Petrópolis: Vozes, 1980, p. 56.
27 Id., Ibid.

Concordando, a seguir, pela possibilidade da utilização de tal termo em se mantendo a afirmação de um modo de produção específico colonial que se baseie em suas leis internas:

> A circulação mercantil monopolista no mercado internacional preexistiu ao escravismo colonial e continuou autônoma com relação a ele, porém foi por ele incorporada como pressuposto e, com este estatuto, constituiu um elemento de sua estrutura. Enquanto o modo de produção capitalista cria seu próprio tipo de circulação, que o integra internamente, o escravismo colonial se vincula a um tipo de circulação externa, que ele próprio não cria, mas se limita a adequar ao seu processo de produção. Com isto, o modo de produção escravista colonial não deixa de ser uma totalidade orgânica, conceitualmente definida como tal, sobretudo pela vigência de leis rigorosamente específicas.[28]

A diferenciação entre modo de produção dependente e a teoria da dependência é oferecida por Gorender a partir de uma inicial desconsideração teórica sobre esta última,[29] para então, apenas depois, demonstrar os motivos pelos quais os conceitos se afastam, quais sejam, o fato de que tal teoria não beneficia – por óbvio – o estudo de sistemas econômicos e modos de produção em suas peculiaridades intrínsecas, pois confere àqueles dependentes uma guia de comportamento que, como o próprio nome do conceito permite divisar, o direcionaria pelos caminhos e sentidos do imperialismo e de que esta teoria da dependência relaciona-se com um tipo de integracionismo que tende a inserir todas "as realidades sócio-históricas" sob as categorias do capitalismo.

Portanto, para a afirmação de um modo de produção escravista colonial, que deve, nos termos conceituais da investigação

---

28 Ibid., p. 56-57.
29 Afirma que tal teoria contribuiu para o entendimento do imperialismo e das relações dos países subordinados com este sistema e para a possibilidade da compreensão de que a dependência não impede o desenvolvimento industrial dos dependentes para, em seguida, afirmar que "mais do que isso, contudo, a teoria da dependência não pôde dar." (Ibid., p. 57)

marxista, seguir suas próprias leis de funcionamento específicas, não se admite tal tipo de determinação externa ou de integração a outro modo de produção. Nesta altura é necessário afirmar, em benefício do equilíbrio da análise, que essa explicação de incompatibilidade parece ser válida, mas a diminuição do *status* da teoria da dependência possui seu viés de ilogicidade: Gorender é o maior defensor do conceito de modo de produção escravista colonial e de sua especificidade a partir de leis tendenciais, internas e particulares, portanto, afirmar a validade deste, ao mesmo tempo que classifica a teoria da dependência com ausência de estofo pois não se adapta àquele, representa uma tautologia.

É preciso reconhecer que o referido artigo de Ciro Cardoso não possui a profundidade teórica suficiente para embasar por completo as próprias afirmações, sendo, pois, ele curto e sistematizado em rápidos tópicos acerca das proposições trazidas à análise. No entanto, para aquilo que pode se considerar central nas afirmações feitas no texto, o autor o amarra ao núcleo principal da teoria de Marx e nunca deixa de afirmar que o conceito lançado à discussão não deve ser entendido senão como hipótese de trabalho, como já considerado anteriormente.

A aparente falta de desenvolvimento extensivo do artigo não comprometeu a validade das presunções nele existentes, em especial a principal, qual seja, de que houve um modo de produção específico colonial, que foi posteriormente aceita, desenvolvida e ampliada por outros autores, tampouco a originalidade da hipótese da renovação do pensamento marxista acerca da formação brasileira. O autor que levou a hipótese de um modo de produção específico colonial ao mais alto grau de desenvolvimento foi Jacob Gorender, eu sua clássica obra *O Escravismo Colonial*.

Como já aventado anteriormente, Gorender advoga a existência de um modo de produção que é específico da colônia brasileira e, além, específico da América colonial ao mesmo tempo em que comum nesta extensão territorial. Este modo de produção, seguindo os ditames da teoria marxista, deve, portanto, apresentar características únicas na sua dinâmica de funcionamento, naquilo que se refere às suas forças produtivas, às relações de produção e de que maneira estas duas categorias servem de fundamento para a formação social que as contêm.

Sem se afastar daquilo que infere ser necessário considerar a partir da metodologia marxista do materialismo histórico, e baseado na discussão epistemológica que julga adequada para manter os ditos "conceitos puros" do conhecimento distantes da caracterização histórica colonial brasileira, Gorender pretende, então, delinear categorias fundamentais e leis tendenciais presentes na colonização brasileira (e, em certa medida, para grande parte do continente, desde que sua pretensão é na verdade uma teoria geral dos modos de produção presentes nas colônias americanas) de maneira que estas possam embasar a explicação da estrutura do modo de produção escravista colonial.

Tal tentativa certamente possui seu embrião na ideia de Ciro Cardoso para um modo de produção colonial dependente mas, enquanto este a propõe como trabalho a ser desenvolvido, Gorender assume o papel de trabalhador. É certo, porém, que com algumas correções de curso em relação à proposta de Ciro que, de um modo geral, é vista por Gorender como muito genérica na sua justificativa.

De início, Gorender passa a considerar que a forma plantagem é a estrutura econômica fundamental no escravismo colonial. E, desse modo, mesmo porque funcionando a partir do escravismo, compõe juntamente com a escravidão categorias fundamentais deste modo de produção. Como se organiza especialmente para o fornecimento de produtos voltados para o mercado mundial, não tem como função primordial criar materiais tampouco mercadorias com o objetivo de abastecer as forças produtivas que operam no sentido daquela exportação.

Mesmo porque a utilização do trabalho escravo não permite a criação e existência de um mercado interno de consumo, para o qual eventualmente a produção de uma possível economia natural pudesse se direcionar. Neste sentido, afirma que "produção agrícola especializada é sinônimo de monocultura".[30]

Mesmo fazendo tais ressalvas, ainda afirma que a plantagem escravista mantém um setor de economia natural sempre presente, e que este apresenta, sim, função estrutural em relação àquela, mas variando em intensidade de acordo com o momento econômico pelo qual passa o mercado mundial dos produtos da monocultura. Ou seja, avança a economia natural em períodos de baixa de preços do açúcar, algodão ou café ou diminui de importância quando estes produtos são apreciados no mercado. Desta maneira, a monocultura, apesar de dominante, tem a característica de *tendência*, nunca realizada a pleno, sempre em atrito com as fronteiras da economia natural. Estas considerações são de importância especial no cotejo com as afirmações posteriores de Ciro Cardoso e Antônio Barros de Castro no que se refere à "brecha camponesa" e seu papel estrutural na colônia, que serão abordadas em seguida no texto.

O que torna, dentre outras características, a plantagem escravista uma categoria específica do modo de produção colonial brasileiro é o fato de que se diferencia grandemente do tipo de exploração da terra no feudalismo e, apesar de em alguns traços antecipar a maneira como a agricultura é desenvolvida no capitalismo, funciona permanentemente bloqueando avanços que são necessários à sobrevivência desse setor nos dias de hoje. No feudalismo, o servo tinha interesse na produção, estava ligado indissociavelmente à expectativa da posse da terra, enquanto que no escravismo colonial havia o escravo, desinteressado na produção e à mercê da divisão de

---
30 GORENDER, Jacob. *O Escravismo Colonial*. São Paulo: Perseu Abramo, 2010, p. 120.

trabalho imposta pelo produtor. Adicionalmente, por características estruturais, a plantagem "excluía ou emperrava os avanços da tecnificação, ao passo que a agricultura capitalista é obrigada incessantemente a desenvolvê-la [...]".[31]

Tal associação, qual seja, a da forma plantagem com a escravidão é, à vista de Gorender, essencial e estrutural. Considerando que a escravidão antiga se conformou por um processo lento e "espontâneo" e, por esta razão é considerada em geral pelos historiadores como "normal", a escravidão no novo mundo poderia, neste sentido, ser observada como "anormal", pois que surgiu abruptamente e através de um *planejamento*. Ainda citando Ciro Cardoso, que observara o caráter voluntário da aplicação da escravidão à forma americana colonial de produzir, Gorender considera que, antes, foram os condicionamentos objetivos das características do espaço colonial que determinaram a utilização da escravidão nos termos em que se apresentou no Brasil, mais do que a intenção do colonizador.[32] A jovem intenção da colonização brasileira era, em primeiro lugar, assegurar o território frente às tentativas de domínio por outras nações – como, por exemplo, da França – e, a seguir, a de encontrar jazidas de minérios, a exemplo do que acontecera na América Central. No entanto, a descoberta de ouro no Brasil se deu muito mais tarde na nossa história, de maneira que as intenções iniciais não corresponderam à realidade que se apresentava no território.

Adicionalmente, não se poderia falar em difusão do escravismo que, ou já presente como resquício medieval – pois permaneceu existindo em pequena monta durante este período –, ou existente nas ilhas atlânticas portuguesas, não foi transferido apenas como alternativa de trabalho na nova colônia brasileira. A difusão que pode ser admitida nesta situação foi a do consumo do produto resultante da plantagem, isto é, a esta época, a

---

31   Ibid., p. 130.
32   Ibid., p. 174.

do açúcar, e não das formações sociais que eventualmente estavam presentes nas metrópoles ou nas mais antigas colônias que estas controlavam. No caso das ilhas atlânticas portuguesas, a atividade açucareira representava um modo de produção "secundário e periférico", enquanto que no Brasil foi dominante muito mais extenso e, desse modo, serviu "de base a uma formação social historicamente nova".[33]

Por outro lado, a constante associação feita pela historiografia de que a abundância de terras foi o fator determinante para a utilização de trabalho escravo pode ser matizada e mesmo contrariada pelo motivo de que em outras localidades coloniais a escassez de terra não impediu o trabalho escravo (como, por exemplo, nas ilhas mediterrâneas e atlânticas) ou a sua abundância não impediu o surgimento de outras maneiras para a sua apropriação ou manejo (como, por exemplo, nas pequenas propriedades familiares do Norte dos Estados Unidos). Nesta esteira, portanto, teria sido a plantagem escravista que determinou a utilização da grande propriedade fundiária onde ela esteve presente, e não ao contrário.[34] E, nas palavras do autor:

> A explicação da gênese do escravismo colonial não se consegue na justaposição abstrata e a-histórica entre fatores de produção, porém somente na dialética entre forças produtivas e relações de produção, tal que se apresentava no condicionamento recíproco de múltiplos aspectos da situação histórica existente.[35]

Se a formação brasileira em seu período colonial apresenta categorias específicas na sua estrutura e que estão presentes por influência objetiva das condições e interesses sociais do explorador, nas especificidades das forças produtivas (incluindo por

---

33 Ibid., p. 176.
34 Ibid., p. 178.
35 Id., Ibid.

óbvio as características condicionantes do clima e extensões territoriais) e, principalmente, nas específicas relações de produção estabelecidas na utilização do trabalho escravo, para que se advogue em favor de um modo de produção escravista colonial, em sua peculiaridade e na afirmação de que representa uma formação social historicamente *nova*, é necessário que também sejam identificadas, para o sucesso dessa proposição, leis tendenciais de funcionamento estrutural do modo de produção e, especialmente, nas relações de produção presentes. Leis estas que têm seu funcionamento dito como específico e próprio na estrutura observada.

Dessa maneira, individualiza-se o modo de produção, no sentido de que ele não apresente leis tendenciais de funcionamento que o identifique com outro, para que resulte, então, em um complexo de relações resultantes em uma formação social particular.

Na opinião de Gorender, o essencial na determinação do modo de produção escravista colonial reside na afirmação e estudo das relações de produção nele presentes, desde que o essencial de cada modo de produção – a exploração do trabalho – é determinado por leis únicas e inequívocas e, no caso brasileiro e americano em grande parte se resume às relações entre os plantadores e seus escravos.[36]

Importante para o entendimento da abordagem teórica feita pelo autor é a afirmação de que, apesar da importância das relações de produção no que se refere à identificação do modo de produção a que pertencem e o qual em certa medida determinam, estas não o determinam completamente e unilateralmente. Ou seja, não se pode negligenciar a presença das forças produtivas nesta determinação, seu estado de desenvolvimento e de que maneira elas se coadunam com aquelas relações.

---

36 Ibid., p. 186.

Esta afirmação vai ao encontro de suas restrições a aspectos do modelo teórico althusseriano que foram utilizados pelo neopositivismo de outros autores. Em suas palavras:

> Caberia a Hindess e Hirst a tarefa de conduzir a concepção althusseriana às últimas consequências sob o enfoque do neopositivismo. Enquanto Althusser e Balibar ainda se propunham construir, a partir de Marx, uma teoria científica da história, os sociológicos ingleses declararam a história objeto ilusório para a pesquisa científica. Estabelecido o primado das relações de produção, o passo seguinte consistiu em jogar fora o conceito de modo de produção e eliminar a determinação em última instância pela base econômica.[37]

Tendo feito anteriormente ressalvas ao mecanicismo stalinista e ao economicismo, fica claro que o autor, quando faz estas afirmações, não advoga tampouco apenas pelo primado das forças produtivas. No entanto, a escolha oposta, qual seja, apesar de afirmar a importância das relações de produção, não conferir apenas a estas a determinação do modo de produção, o leva a sempre considerar a unidade entre estas relações e as forças produtivas, o que impediria a rápida associação entre o escravismo colonial com, por exemplo, formas pretéritas desta exploração do trabalho, como o doméstico, o patriarcal antigo ou o residual medieval. Na conjunção do trabalho escravo explorado na colônia com as forças produtivas aqui presentes ter-se-ia, então, a particularidade do escravismo colonial como modo de produção específico dentro uma nova formação social. Neste sentido: "O mesmo raciocínio se aplica à servidão, que nem sempre é feudal, e ao trabalho assalariado, que já aparece na Antiguidade e existiu também na Idade Média, sob as condições e formas distintas do salariado capitalista".[38]

---

37 Ibid., p. 74.
38 Ibid., p. 186.

Tendo considerado a importância da categoria de relação de produção sem ao mesmo tempo evitar a presença determinante das forças produtivas para a elaboração de uma teoria geral sobre o escravismo colonial, neste ponto é necessário abstrair ainda mais o entendimento sobre a unicidade e especificidade de tal modo de produção, se se pretende afirmá-lo definitivamente como diverso de outros. Neste sentido, é preciso entender a existência de leis tendenciais que nele estão presentes.

Não é demais lembrar que, antes, Ciro Cardoso ao lançar a hipótese de trabalho sobre o estudo do modo de produção dependente, ou escravista colonial na acepção de Gorender, reconheceu a dificuldade na elaboração de uma teoria compreensiva que pudesse demonstrar a peculiaridade encontrada nas formações americanas, e listou os critérios que julgava necessários para "fundamentar uma tipologia dos modos de produção coloniais da América":[39] estudo dos elementos formadores da América colonial, quais sejam, as estruturas europeias, indígenas e africanas; se é necessário considerá-las em toda sua complexidade e sem olvidar sua própria evolução durante o período estudado; dos fatores que condicionaram o processo de nascimento e de evolução de todas as sociedades coloniais americanas: o colonialismo, a conquista, o tráfico negreiro; dos fatores variáveis segundo as regiões: dados geográficos, tipos de atividade econômica, técnicas de produção, tipos de colonização etc.

Fica claro que se for necessário considerar como fundamentais apenas uma parte das sugestões feitas por Ciro Cardoso o trabalho necessário para consolidar uma teoria dos modos de produção americanos requer um esforço extenso e complexo, para dizer o mínimo, principalmente caso seja admitida sua indicação de que são precisos também estudos comparativos em sua multiplicidade para que se possa chegar a uma síntese.

---

39 CARDOSO, Ciro Flamarion Santana. *Op. Cit.* p. 143.

O caminho tomado por Gorender, neste sentido, ou seja, o de explicar o modo de produção colonial americano, dirige-se antes e principalmente para a abstração de leis tendenciais, no geral de caráter econômico, mas sem excluir considerações de natureza sociológica.

Tomando por base e no contexto da teoria marxista do materialismo histórico em que se observa a realidade de maneira que ela seja fonte de abstração teórica para a criação de categorias e leis que, em seguida, tomariam o caminho inverso da reconstrução do que é real,[40] Gorender afirma ser possível que se abstraiam leis específicas do modo de produção escravista colonial, mas adverte com antecedência que não tem a pretensão de exaurir o assunto, complexo como se mostra, e para isso apresenta a explicação do que julga ser necessário estar presente em uma lei tendencial de modo que ela possa ser entendida como uma forma única de comportamento, em determinado modo de produção, nos seguintes termos:

> O materialismo histórico e a economia política marxista incluem certas características universais ou total-históricas: as categorias, entre outras, de forças produtivas, trabalho, bens de produção e bens de consumo, reprodução simples e reprodução ampliada, relações de produção, modo de produção, superestrutura e formação social. Ao nível mais elevado da abstração, essas categorias vinculam-se em complexos relacionais presentes em toda a história humana, complexos relacionais permanentes que têm sido chamados de *leis gerais*.[41]

Em relação à possibilidade da utilização de uma "lei geral" em uma situação específica, propõe uma classificação relativa à temporalidade daquela lei. Caso seja ela aplicável e esteja presente em todos os modos de produção, seriam denominadas

---

40 GORENDER, Jacob. *Op. Cit.* p. 69-76.
41 Ibid., p. 189.

"onimodais"; sejam elas observáveis em determinados momentos históricos e presentes em mais de um modo de produção – mas não em todos, denominar-se-ão desse modo "plurimodais"; por fim, e neste sentido é que dará enfoque à formação brasileira em seu período colonial, havendo leis que são específicas de apenas um modo de produção, estas são, portanto, as "monomodais".

Portanto, em seguida, passa então a considerar quais são as leis presentes na colônia e que, por serem monomodais, ou seja, específicas desse período histórico, caracterizam como presente em nossa formação um modo de produção único e inconfundível em relação a outros, como por exemplo, a "lei da renda monetária", isto é, a maneira pela qual o excedente é produzido e apropriado durante a produção econômica escravista e colonial. Ao considerar que "todo regime de exploração do produtor direto se rege por uma lei específica de apropriação do sobretrabalho pelo explorador",[42] Gorender afirma que a tal expropriação resulta em uma renda monetária. Tendo considerado anteriormente que havia também uma renda natural – presente na própria economia de subsistência necessária e coadjuvante na exploração comercial colonial, e afastando esta renda daquela que seria monetária e baseada no excedente produzida pela apropriação do resultado do trabalho direto, o autor ao mesmo tempo em que elimina a possibilidade de que a produção que não seja voltada para a exportação tenha um caráter de modo de produção dominante, afasta o escravismo colonial do escravismo patriarcal, no sentido mais uma vez de refutação daqueles que vislumbram aqui uma reedição deste, mas agora na época moderna e nas Américas. Afirmando que a escravidão antiga não era exclusivamente doméstica, mas produtiva, no mesmo sentido de que a moderna também o é (e igualmente não doméstica), mas que aquela era fonte primordial de renda natural,

---

42 Ibid., p. 193.

sendo que quando produzia renda monetária esta era apenas complementar ao processo produtivo, Gorender inverte a equação para demonstrar que a escravidão nas Américas foi única: produz renda monetária como resultado principal; produz renda natural como resultado marginal.

Ao mesmo tempo em que nega o reaparecimento de um escravismo aos moldes patriarcais e antigos, o autor aproveita, em sua explicação sobre a lei da renda monetária resultante da exploração da escravidão moderna, o ensejo para também refutar as teorias de um "capitalismo escravista", afirmando que são ingênuos aqueles que vislumbram o capitalismo onde quer que haja, e sendo apenas necessário que exista, a circulação de dinheiro, afirmando que a presença do capital mercantil (aquele que pode ser dividido em usurário e comercial) não tem o condão de dominar os modos de produção para os quais "serve de intermediário". Ou seja, se houvesse capitalismo, este modo de produção dominaria suas esferas de produção e, no caso específico, "forçaria", por exemplo, a utilização de trabalho livre assalariado e, nas palavras do autor, citando Marx, ele (o capital) não precisa de outras premissas senão a produção para a troca e a circulação monetária.

Ao apresentar, em seguida, a "lei da inversão inicial de aquisição do escravo",[43] Gorender empreende talvez sua maior criação, dentro da pretensão de afirmar um modo de produção escravista colonial único, ao descrever de que modo o escravo tomado como fator de produção e o valor monetário despendido na sua compra apresentam características ímpares e antes não observadas em diferentes momentos históricos e em outras estruturas econômicas.

De início, a compra do escravo, pelo traficante no continente africano, representa um adiantamento de capital-dinheiro que possibilitará, então, àquele efetuar seu comércio e, na posterior

---

43 Ibid., p. 203.

revenda, auferir um lucro. Contudo, esta percepção lucrativa não foi resultante de um processo de acumulação produtiva, mas, antes, por outro lado, representa apenas captação de valores no âmbito da circulação monetária. O interesse do comprador-produtor, no entanto, é diverso daquele do traficante ou do comerciante. O plantador espera poder utilizar o escravo na esfera produtiva e, deste modo, criar valor como excedente. Esta compra da força de trabalho já se constitui, na teoria de Gorender, a uma lei monomodal.

Diferencia-se do capitalismo, basicamente, pois ao pagar o salário o empregador já tem à sua disposição o resultado da produção, que corresponde à mais-valia e ao valor de remuneração do trabalho necessário.

No escravismo colonial o trabalhador irá também se inserir na produção de um excedente, mas o valor que o produtor deve despender para que possa dele se apropriar é anterior ao resultado, ao mesmo tempo em que existe a diferença essencial de que na utilização do trabalho escravo compra-se o *trabalhador*, não o trabalho.

Mas não é este o ponto mais distinto na curva da especificidade da presença da escravidão colonial nas observações do autor. Tecendo considerações acerca do problema teórico referente ao fato de que o pagamento do escravo parece poder ser ao mesmo tempo atribuído ao fator trabalho quanto a um fator de produção assemelhado ao capital fixo, Gorender descreve que, a partir da teoria de Marx, podemos entender que o salário é, ao mesmo tempo, como remuneração ao trabalho, capital variável e circulante – pois que aumenta de valor e o adiciona ao produto durante o processo produtivo quando variável e transfere valor imediatamente e integralmente quando circulante – enquanto o capital fixo é capital constante pois, neste caso, transfere valor sem aumentá-lo.[44]

---

[44] Ibid., p. 210.

Modos de produção no Brasil: escravidão e forma jurídica | 99

A abordagem de diversos autores tenta resolver a questão de maneiras diversas: Celso Furtado descreve o pagamento pelo escravo à semelhança de uma aquisição de instalações fixas. Fernando Henrique Cardoso observa a contradição do gasto com o escravo e o resultado de seu trabalho na dificuldade de entendê-lo no processo produtivo escravista e, neste sentido, afirma então um tipo de capitalismo atrasado na colônia.

É de se notar que grande parte dos estudiosos tentou resolver esta questão atribuindo ao escravo a característica de capital fixo: trata-se de uma solução correta à primeira vista, o escravo é comprado à semelhança de uma máquina, se não trabalha, não transfere valor (assim como o maquinário); com o passar do tempo, seu valor inicial invertido é transportado para os produtos, até o momento em que "deprecia" totalmente, ou seja, não tem mais forças para continuar trabalhando.

Mas Gorender fornece outra explicação. Utilizando-se de uma passagem de *O Capital*, de Marx, o autor fornece ao que parece sua própria tradução de uma passagem, acredita, reveladora da abordagem necessária a explicação do valor inicial invertido na aquisição do escravo. Marx afirma que o capital-dinheiro utilizado na compra do escravo desempenha o papel da *forma* dinheiro do capital fixo.[45] Não afirma que o escravo é capital fixo. Como resolver, pois, a questão? Gorender surpreendentemente afirma que o capital despendido na compra do escravo é capital esterilizado, e não contribui para produção:

> Dito em outras palavras, a inversão inicial de compra do escravo não funciona como capital. No processo real da produção escravista, *essa inversão se converte em não-capital*. Seria incorreto afirmar que ela é imobilizada, pois assim a incluiríamos no capital fixo. O correto é concluir que o capital-dinheiro aplicado na compra do escravo se transforma em capital esterilizado, em capital que não

---
45 Ibid., p. 217.

concorre para a produção e deixa de ser capital. Por conseguinte, cabe-nos concluir também que a inversão inicial de compra do escravo somente pode ser recuperada pelo escravista à custa do sobretrabalho do escravo, do seu produto excedente. Ela constitui um desconto inevitável da renda ou do que se chamaria de lucro do escravista. Do ponto de vista contábil, não faz diferença que seja considerada parcela do custo de produção ou dedução obrigatória do lucro, à semelhança de um imposto. Do ponto de vista da teoria econômica, e única solução correta consiste em incluí-la no produto excedente e considerar a renda efetiva do escravista reduzida na proporção da amortização do investimento feito na aquisição do plantel de escravos.[46]

A afirmação de Gorender pode parecer mesmo, a princípio, surpreendente, mas ele corretamente, após, associa o preço pago pelo escravo ao valor pago pela terra, que não concorre para a produção no que diz respeito à transferência de valor ao produto, e que fornece retorno apenas quando a acompanha um título que propicia renda ao proprietário. A terra, assim como o escravo, não transfere valor e, contabilmente, não pode ser depreciada.[47] Em favor de seu argumento, cita passagem do próprio Marx, que transcrevemos aqui a partir de sua obra:

> Tomemos, por exemplo, a economia escravista. O preço pago pelo escravo é simplesmente a mais-valia antecipada

---

46 Id., Ibid.
47 Para fins ilustrativos do "comportamento contábil da terra" é de se notar que, historicamente, as normas contábeis brasileiras não permitem a sua depreciação: "Terrenos e edifícios são ativos separáveis e são contabilizados separadamente, mesmo quando sejam adquiridos conjuntamente. Com algumas exceções, como as pedreiras e os locais usados como aterro, *os terrenos têm vida útil ilimitada e, portanto, não são depreciados.* Os edifícios têm vida útil limitada e, por isso, são ativos depreciáveis. O aumento de valor de um terreno no qual um edifício esteja construído não afeta o valor contábil do edifício". Não se discute que o escravo tenha "vida útil ilimitada", à semelhança da terra, mas apenas tenta-se demonstrar que não há transferência de valor via depreciação na utilização desta. (BRASIL. Conselho Federal de Contabilidade. Resolução CFC nº 1177, de 24 de julho de 2009. Aprova a NBC TG 27 – Ativo Imobilizado. Disponível em: <http://www.crcsp.org.br/portal_novo/legislacao_contabil/resolucoes/Res1177.htm>. Acesso em: 25 out. 2012).

e capitalizada ou o lucro que se tem em vista extrair desse escravo. Mas o capital despendido na compra do escravo não faz parte do capital que permitirá extrair do escravo o lucro, o sobretrabalho. Trata-se de um capital que o proprietário se desfez, de um desconto sobre o capital de que dispõe o proprietário para a produção propriamente dita. Esse capital deixou de existir para ele, exatamente como o capital desembolsado na compra da terra cessou de existir para o agricultor. A melhor prova disso consiste em que ele não existe de novo para o proprietário do escravo ou da terra senão no momento em que revender o escravo ou a terra. O fato de ter comprado um escravo não lhe dá ainda, só por isso, a faculdade de explorá-lo imediatamente. Não adquire essa capacidade senão mediante um novo capital que investirá na economia escravista propriamente dita.[48]

Após esta transcrição, o que nos parece mesmo surpreendente é o fato de que os teóricos e estudiosos marxistas tenham deixado passar ao largo uma afirmação do próprio Marx no sentido da assertiva de que valor pago pelo escravo, na descrição de Gorender, é capital esterilizado. Mesmo Ciro Cardoso, que fazia parte do conjunto de escritores que afirmavam ser o escravo capital fixo, reverte sua opinião e reconhece que a abordagem de Gorender é a correta, fato que este último não deixa de apontar em sua própria obra.

Em seguida à apresentação dessa lei monomodal, Gorender, mais uma vez aproveitando o fato de que, por ter tal característica, ela só se apresentaria no escravismo colonial, aponta que a utilização de escravos não só era não capitalista, mas anticapitalista: a compra do plantel para fornecimento de trabalho representava *desacumulação*.[49]

Após, então, Gorender passa a analisar o que chamou de "leis da rigidez da mão de obra escrava",[50] basicamente as

---

48 MARX, Karl. *O Capital*. Livro Terceiro, p. 817 apud GORENDER, Jacob. *Op. Cit.* p. 221.
49 GORENDER, Jacob. *Op. Cit.* p. 240.
50 Ibid., p. 245.

determinando como monomodais, isto é, exclusivas do sistema escravista colonial, pois a utilização produtiva do escravo (que representa um dispêndio inicial de valores que devem ser recuperados posteriormente como renda) e inserção do escravo como peça em um circuito mercantil de compra de mercadorias no mercado mundial colocava o escravismo em uma situação econômica peculiar: por não ser utilizado como gerador de renda natural, assim como na antiguidade, mas como produtor em um sistema voltado para a renda monetária, o escravo era entendido como investimento, e o seu plantel assim era tratado.

Este tipo de rigidez é de importância apenas quando há a conjunção dos fatores únicos encontrados na colônia, quais sejam, produção para comercialização com a utilização de trabalho escravo. Nos períodos de entressafra o proprietário deveria arcar com certa ociosidade do trabalhador, assim como, e mais seriamente, em conjunturas de baixa de preços, no mercado mundial, das mercadorias produzidas na plantagem. Adicionalmente, o plantador deveria contar com eventuais perdas no plantel – permanentes, no caso de morte e fuga, ou temporárias, no caso de doenças. A ociosidade da entressafra poderia ser prevista no cálculo inicial dos investimentos necessários a uma determinada área de produção, no entanto, conjunturas internacionais de preço de produtos estão ainda mais além do controle do plantador.

Tal lei não aparece no complexo de relações do escravismo antigo (pois voltado para a economia natural e, portanto, não influenciado por quaisquer tipos de conjunturas de baixa de preços) ou no capitalismo, pois é estrutural deste modo de produção a capacidade do empregador em variar a quantidade de empregados de acordo as mudanças do mercado, restando apenas eventualmente ocioso o investimento feito em capital fixo.

A fim de continuar caracterizando o escravismo colonial como modo de produção único, Gorender trata, então, de analisar mais uma lei tendencial que se relaciona com aquele, qual seja, a "lei da população escrava".[51]

Com o intuito de individualizá-la, recorre ao próprio Marx, em sua formulação a respeito da tendência da população operária no modo de produção capitalista, de maneira que possa demonstrar que a população escrava apresenta a propensão contrária no modo de produção escravista colonial. A formulação de Marx refere-se ao fato de que a massa operária, ao produzir o capital, cria ela mesma as condições para que seja gerado um excesso de contingente, o que então conforma o "exército de reserva" do capitalismo. As próprias inovações técnicas produtivas assim como as variações no cenário econômico causam desemprego permanente, mas flutuante na sua quantidade, e, nas condições deste meio de produção, tal tendência poderia fornecer trabalho, ao menos na abordagem abstrata-teórica, para que o capitalismo crescesse de maneira indefinida.[52] Ainda assim, a população operária está sempre aumentando, por força de seu crescimento vegetativo. Considera o autor que se essa "lei da superpopulação relativa" parasse de produzir efeitos, a reprodução ampliada do capital diminuiria até o ponto de se tornar inviável. Por outro lado, no modo de produção escravista colonial, a lei que governa a dinâmica da população escrava funciona tendencialmente a *contrario sensu* da capitalista, ou seja, se dirige para o extermínio da força de trabalho. Além dessa consideração, difícil é o ambiente colonial e escravista da plantagem para o aparecimento ou amadurecimento de inovações tecnológicas. Desse modo, o aumento da produção se dá primordialmente através do acréscimo ao plantel de trabalhadores, considerando que o tempo de trabalho do escravo já tenha atingido o limite humano de suas forças.

Adicionalmente, afirma Gorender:

---
51 Ibid., p. 345.
52 Ibid., p. 347.

> [...] outro fator estrutural deve ser levado em conta. No regime capitalista, o salário do operário inclui uma parcela correspondente ao custo de manutenção da sua prole. São os próprios operários que se encarregam de criar os filhos e garantir a continuidade do fornecimento de força de trabalho através das gerações. No regime escravista, a criação dos filhos das escravas constitui um ônus para o senhor.[53]

Neste esteio, o cálculo do proprietário passa pelo custo do escravo, pela manutenção de uma razoável capacidade de trabalho e pelo maior aproveitamento possível na produção durante sua vida útil. Caso o preço do escravo estivesse em baixa, menos cuidado o senhor dispensaria para sua manutenção – ou seja, nesta conjuntura é mais barato e fácil fazer a reposição, situação em que o comércio negreiro florescia. Se o preço fosse alto, este tentaria não "desgastar" demasiadamente o seu instrumento de trabalho. No entanto, só nas condições em que o mercado para os produtos da plantagem não apresentasse ele mesmo uma conjuntura de alta. Nesta situação, seria "razoável" forçar o escravo ao limite de suas forças, diminuindo sua vida útil, pois a necessidade da rápida reposição seria mais do que compensada pelo aumento dos preços da mercadoria. Por estas circunstâncias, Gorender formula então a lei "o volume de abastecimento externo de mão de obra varia na razão inversa das variações do preço de aquisição do escravo e na razão direta das variações de sua rentabilidade".[54]

Em sequência na apresentação sobre o que Gorender considera serem as leis tendenciais presentes no complexo da formação social que continha o modo de produção escravista colonial, o autor expõe a que chamou de "lei da correlação entre a economia mercantil e a economia natural na plantagem escravista".[55]

---

53   Ibid., p. 350.
54   Ibid., p. 351.
55   Ibid., p. 271.

Frequentemente, na discussão sobre os caracteres econômicos da colônia, as considerações sobre a presença da economia natural ocupam uma posição polêmica, variando muito entre os autores que as apresentam no que se relaciona ao seu peso relativo à economia exportadora ou no seu grau de dependência desta última, desde a quase completa desimportância em Caio Prado Júnior, que colocou todo o peso de sua análise no caráter exportador da colônia, praticamente desconsiderando aqueles que não estavam economicamente envolvidos com o comércio exportador, até Ciro Cardoso, que advoga pela autonomia estrutural do "setor camponês" da atividade dos escravos.[56]

Gorender sempre polemizou com outros estudos a respeito do grau e alcance da economia natural na colônia, especialmente no que diz respeito à parte operada pelos escravos. De um modo geral, ele afirma a completa dependência estrutural da produção natural no que se refere à disponibilidade de tempo e esforço em relação à produção mercantil. Em relação à função da economia natural, é certo que Ciro Cardoso aproxima-se da posição de Gorender, estando os dois inclinados para a ideia de que ela funciona no sentido de reproduzir o modo de produção escravista colonial. No entanto, naquilo que se refere à "liberdade" do escravo para que produzisse por conta própria, e à autonomia deste no acesso às parcelas de terra, divergem grandemente.

Na demonstração sobre a lei tendencial de correlação entre as duas economias, Gorender considera que a plantagem tinha como inclinação predominante a produção de bens para exportação e, estando ligada indissociavelmente ao mercado externo, era influenciada por leis que o governavam. Porém, se o mercado externo era regido por suas próprias leis tendenciais, estas não obtiveram êxito no sentido de dominar completamente o ciclo produtivo na colônia. A influência de uma lei geral que

---

56 CARDOSO, Ciro Flamarion Santana. *A Brecha Camponesa no Sistema Escravista. Agricultura, Escravidão e Capitalismo*. Petrópolis: Vozes, 1979, p. 136.

comandasse o processo produtivo e de circulação tanto no exterior quanto no Brasil viria apenas com o capitalismo em sua totalização. Deste modo, a economia colonial seria bissegmentada, ou seja, com uma parte principal voltada aos produtos de exportação e outra funcionando nos termos de uma economia natural.

É preciso apreciar que a economia natural, neste caso, é entendida como uma necessidade para o sistema de produção escravista colonial, desde que se mostra inviável e, de acordo com o autor, a realidade histórica assim o confirma, que a colônia pudesse se manter utilizando 100% de produtos importados, sem que produzisse qualquer produto necessário a sua subsistência. Tais produtos, resultado de importações, eram demasiado caros, e voltados quase que exclusivamente ao consumo dos senhores. Neste sentido também opera o monopólio de comércio com a colônia, praticado pela metrópole, aumentando os preços de produtos que, em geral, em decorrência daquele, eram de baixa qualidade. É importante salientar que a presença de preços abusivos não se relacionava apenas ao consumo do que poderíamos imaginar fossem "artigos de luxo" exclusivos de utilização pelos senhores. Como já havia apontado Ciro Cardoso, esta distorção do mercado se aplicava também aos insumos necessários à produção nas plantagens.[57]

Como já considerado anteriormente, a rigidez apresentada pela mão de obra escrava impelia os senhores a utilizá-la de outras formas produtivas durante a entressafra, de modo a diminuir sua ociosidade. Combinando esta necessidade com o fato da escassez de produtos importados por conta de seu alto preço, a atividade econômica da colônia se voltava à produção natural na "fase intercalar entre os picos de trabalho"[58] da produção

---

57 CARDOSO, Ciro Flamarion Santana. Sobre los Modos de Producción Coloniais de América. In: ASSADOURIAN, C. S. et al. *Modos de Producción en América Latina*. 2. ed. Buenos Aires: Cuadernos de Pasado y Presente, 1974, p. 146.
58 GORENDER, Jacob. *O Escravismo Colonial*. São Paulo: Perseu Abramo, 2010, p. 272.

mercantil. Esta produção de subsistência é considerada pelo autor como necessidade ou ao menos possibilidade estrutural dentro da plantagem. O termo "possibilidade" é de particular importância aqui, pois uma das diferenças entre a visão de Gorender e a de Ciro Cardoso, no que diz respeito à economia natural, se refere à autonomia de acesso às parcelas de terra voltadas a esta produção, como veremos mais adiante. Certamente que, neste ponto, é necessária também uma diferenciação inicial frente a dois aspectos, ou dois "tipos" desta economia natural: um deles era operado pelo próprio senhor, utilizando-se do trabalho escravo; outro era manipulado pelos próprios escravos, em algumas situações em "benefício próprio" (o que não desfaz a integração necessária ao sistema de plantagem comercial, pois grande parte do produzido era consumido pelos próprios cativos, diminuindo o custo de manutenção do proprietário).

No estudo da correlação entre estes dois setores da economia colonial, Gorender tece considerações acerca da existência ou inexistência de relações simétricas entre seus níveis de produção e, caso haja alguma relação de dependência subordinada, em que termos ela se daria. Parece-nos correto suas afirmações sobre a contração do nível da produção relativa ao setor da economia natural durante períodos de alta de preços dos produtos comercializáveis no mercado internacional e que eram produzidos na plantagem. De maneira similar ao cálculo efetuado pelo proprietário de escravos a respeito do nível de utilização do plantel, considerado mais acima sob a "lei da rigidez da mão de obra escrava", este também ajustava a utilização dos trabalhadores escravos para mais ou para menos nos setores da economia de subsistência de acordo com as variações para cima dos preços dos produtos mercantis. Se a economia natural era indissociavelmente ligada à plantagem comercial, pois fornecia a esta produtos de subsistência que, se não produzidos internamente deveriam ser comprados a altos preços na importação, aquela –

a economia natural – poderia ser até certo ponto negligenciada se os valores auferidos com a venda das mercadorias exportáveis mais que compensassem a importação de materiais necessários ao funcionamento da plantagem. É importante lembrar que o setor da economia natural não produzia apenas alimentos, apesar destes serem seu mais importante resultado. Em certa medida, criava também insumos para a produção mercantil.[59]

Em períodos de baixa dos preços das mercadorias exportadas, o setor da economia natural expandia-se e, nestas situações, o próprio escravo tinha mais liberdade de produzir em "benefício" próprio em determinadas parcelas de terra.[60] A produção para subsistência, ou que não fosse voltada exclusivamente para o mercado de exportação, parece, de acordo com Gorender, ter sido constante durante o período colonial e também presente no Sul dos Estados Unidos, assim como também nas áreas de extração de minério em Minas Gerais. Ou seja, a economia natural não era "mero resíduo não dissolvido" nas colônias, "mas integrava normalmente a organização produtiva e exercia função específica muito importante para a própria economia mercantil".[61]

Neste sentido, Gorender então descreve a lei tendencial específica do escravismo colonial no que se refere à "correlação entre a economia mercantil e a economia natural na plantagem escravista" da seguinte maneira: "no âmbito da plantagem escravista colonial, a margem da economia natural varia na razão inversa das variações da economia mercantil, da qual constitui setor dependente".[62]

É necessário admitir o grande fôlego da obra de Jacob Gorender no que se relaciona com a tentativa de explicar o modo

---

59 Ibid., p. 272.
60 Ibid., p. 284.
61 Ibid., p. 286-287.
62 Ibid., p. 287.

de produção escravista colonial exclusivamente através de categorias marxistas de análise. Entretanto, como mesmo advertiu Ciro Cardoso, o trabalho necessário para o esgotamento dessa possibilidade seria monumental, no que concordamos. Assim, a obra de Gorender, ainda que valiosíssima, talvez não tenha apreciado de modo suficiente alguns aspectos da vida dos escravos – seja por motivo de coerência teórica, seja por estarem corretos seus críticos quando o acusam ser "monolítico" – e seus estudos minimizam as atividades "autônomas" dos escravos no âmbito mesmo da economia natural. Esse relativo desprezo de Gorender em face da grande importância dada a estas atividades por Ciro Cardoso foi o estopim necessário à polêmica da "brecha camponesa".

3.2. Sobre a brecha camponesa: os conceitos de modo de produção e formação social

A "brecha camponesa" foi um conceito criado e expandido por Ciro Cardoso a partir de uma expressão utilizada por Tadeusz Lepkowski.[63] Este conceito, no que tem de geral, é fundado no estudo de fontes primárias e secundárias da época colonial e que pretende afirmar a existência de um constante e seguro acesso de escravos a parcelas de terras a eles concedidas pelos senhores. Com acesso a estas parcelas os escravos então passavam a cultivar e criar os próprios alimentos e animais. Dessa maneira, portanto, comportavam-se como camponeses. O resultado da produção era, desse modo, pertencente ao setor da economia natural e primordialmente voltado à subsistência. No entanto, cabe no esquema do camponês-escravo a percepção de excedentes de produção que eram vendidos no mercado, possibilitando uma acumulação de riquezas pelo escravo, que em alguns casos permitia a compra da alforria ou mesmo o legado pecuniário em favor de quem desejasse.

---

63 LEPKOWSKI, Tadeusz. *Haiti*. Tomo I. Havana: Casa de las Américas, 1968.

Esse conceito tem sido alvo de muita polêmica desde o momento em que foi proposto. O maior crítico de tal esquema é Jacob Gorender que, apesar de advogar pelo modo de produção escravista colonial, assim como Ciro Cardoso (nos termos deste, "modo de produção dependente", como anteriormente visto) e também pela existência de um setor de economia natural com relativo peso e importância dentro da colônia, não aceita o fato de que parte significante da produção deste setor seja produzida de maneira autônoma pelos escravos, e que isto, em qualquer quantidade, signifique "brecha" no modo de produção dominante. Suas objeções não apenas se referem a fatos ligados à quantidade (ou produtividade) daquilo que é produzido nas parcelas. O próprio acesso constante e de certo modo seguro dos escravos às parcelas, como afirma Ciro Cardoso, é rechaçado por Gorender. A discussão entre Ciro Cardoso e Jacob Gorender é a mais fecunda que orbita a questão da brecha camponesa, por terem sido estes os autores que mais se dedicaram à questão dentro da perspectiva mais possivelmente identificada com o marxismo. Esta discussão também é cara ao presente texto, pois, além de granular alguns conceitos anteriormente abordados sobre o modo de produção colonial, também introduz questões acerca do comportamento jurídico permitido e do comportamento efetivo do escravo no âmbito da formação social colonial.

Ciro Cardoso, em artigo denominado "A brecha camponesa no sistema escravista",[64] considera que havia, à época da utilização da escravidão nas colônias americanas, certos tipos de atividades que poderiam ser consideradas "camponesas". Basicamente elas eram representadas pela produção, normalmente em pequena escala, de camponeses não proprietários, proprietários, quilombolas e escravos. A grande polêmica presente neste conjunto de produtores é a alocação dos escravos como

---

64 CARDOSO, Ciro Flamarion Santana. *Op. Cit.* p. 133ss.

similarmente associados aos outros tipos de produtores, normalmente pessoas livres ou ex-escravos em liberdade e moradores de quilombos.

O artigo supramencionado se concentra na afirmação do campesinato – ou, nos termos corretos do texto de Ciro Cardoso, protocampesinato escravo – partindo a princípio de uma classificação apresentada pelo historiador polonês Tadeusz Lepkowski em seu estudo do Haiti, onde afirma que o campesinato que contenha autonomia estrutural, ou por outro lado a possibilidade de afirmar ser um trabalhador um camponês, reside em três pontos essenciais: primeiro, a segurança de acesso à parcela de terra que é trabalhada; segundo, grau de relação direta com o mercado (para os produtos de lá originários) e; terceiro, grau de gestão sobre a parcela em relação a distribuição dos recursos nela empregados.[65]

A respeito, então, dessa caracterização, Ciro Cardoso afirma:

> Ora, em nossa opinião o setor camponês da atividade dos escravos negros permite aplicar uma análise deste tipo: ao realizá-la, descobrir-se-ão uma autonomia e uma estabilidade de fato, bastante altas quanto às três dimensões mencionadas.[66]

Esta afirmação, no entanto, é matizada no que se refere à sua interpretação por outros autores, que acirravam o entendimento a respeito desta "liberdade" dos escravos no trato de parcelas e na alocação de seu tempo e recursos na plantação própria. Ciro Cardoso, é bem verdade, deixa claro que não concorda que a análise que permite afirmar ser o escravo um "protocamponês" possa ser extrapolada para uma declaração que eventualmente questiona a inamovível linha que separa o operário do escravo ou o trabalhador livre do "não livre". Adicionalmente, por ser ele mesmo o propositor da teoria do modo de

---

65 Ibid., p. 136.
66 Id., Ibid.

produção escravista nas colônias, também rechaça a ideia que as considerações acerca deste protocampesinato possam colocar em dúvida o seu modelo escravista colonial.

Antes, em favor da confirmação da brecha camponesa, o suposto protocampesinato trabalharia em benefício da manutenção do modo de produção escravista colonial, no sentido de que o fornecimento de parcelas aos escravos pelo senhor, assim como o tempo necessário para que aqueles pudessem trabalhá-las, fariam com que o custo de manutenção do plantel diminuísse relativamente aos gastos efetuados com alimentação e vestimentas. Este fator econômico seria afetado, portanto, de acordo com o autor da proposta teórica, pela possibilidade ou não do proprietário ter acesso a matérias de subsistência para os escravos por um preço baixo. Ou seja, caso os produtos necessários à manutenção do plantel de escravos estivessem em conjuntura de alta de preço, o tempo concedido para e as possibilidades do cativo em lavrar uma parcela de terra aumentariam.[67]

Outro fator econômico também influiria na maior ou menor liberdade dos escravos em acessar as parcelas de terra: a conjuntura de preços das mercadorias exportáveis produzidas no interior das plantagens. De maneira similar, Gorender também afirma que a economia natural variava de maneira inversamente proporcional à mercantil: se havia preços maiores sendo praticados no mercado mundial para os produtos de exportação, menos tempo se gastaria com a agricultura de subsistência, ou no setor da economia natural.

Neste ponto é importante salientar que há uma diferenciação básica entre visões de Gorender e Ciro Cardoso no que se refere ao tipo de organização produtiva que gerava os produtos da economia natural. É fato que, para os dois autores, esta variava de maneira inversamente proporcional ao nível de produção da economia exportadora. No entanto, para Gorender,

---

67 Ibid., p. 137.

a produção da economia natural resultava de uma organização inserida na própria lógica da plantagem, ou seja, era organizada pelo proprietário e senhor de modo que a empresa da monocultura pudesse continuar operando. Para Ciro Cardoso parece-nos que este confere maior peso e importância para "atividades autônomas" dos escravos.

Ciro Cardoso apresenta ainda mais uma hipótese na apreciação da existência de um escravo-camponês:

> No escravismo, como em qualquer regime econômico-social, se estabelece entre a classe dominante e a classe explorada um acordo contratual – legal ou consuetudinário – que garante para a classe dominada, pelo menos de fato, certos direitos cuja infração traz consigo o perigo de alguma forma de rebelião. Para o escravo, a margem de autonomia representada pela possibilidade de dispor de uma economia própria era muito importante econômica e psicologicamente.[68]

Acreditamos que neste ponto o autor já demonstra uma tendência ao entendimento de que a "economia natural" dos escravos representa mais do que apenas possibilidade de economia para o senhor na manutenção do plantel. A afirmação da posse de uma "economia própria" significa que o escravo produzia além de suas necessidades de subsistência. Caso contrário, melhor seria para o escravo, já explorado ao extremo nas plantagens, receber aquilo que necessitava para sobreviver do senhor, e não que tivesse de produzi-lo. Adicionalmente, a consideração de certo conforto psicológico, apesar de voltada para a análise da possibilidade estrutural de rebelião, desvia-se das apreciações anteriores, mais concretamente baseadas nos caracteres econômicos da manutenção do plantel.

A assertiva de que o acesso às parcelas poderia ser considerado como certo pelos escravos, ou seja, que a possibilidade de

---

68 Id., Ibid.

cultivar seus próprios produtos representava uma "segurança" leva-nos a considerar de que maneira esta certeza era manifestada na época colonial – se apenas de fato, na reiterada concessão, ou também naquilo que poderia ser chamado de "direito" colonial, previsões legislativas da coroa e da colônia em relação a instruções e possibilidades dadas aos proprietários e aos cativos.

No entendimento de Ciro Cardoso, duas características se relacionam com a concessão de parcelas de terra em usufruto para os escravos: a primeira se relaciona com a afirmação de que esta concessão e o acesso à terra era um acontecimento *universal* do escravismo americano e, em segundo lugar, a característica referente à disponibilização ao escravo de área para cultivo e do tempo necessário para cultivá-la transformou-se em direito de fato dos cativos e, "em certos casos",[69] fixados em lei.

Já em adiantamento ao desenvolvimento da explanação de Ciro Cardoso a respeito desta fixação em lei, seus exemplos mais abundantes são retirados de "legislações" que não pertencem ao Brasil, mas de outras áreas da América colonial, afirmando que:

> No caso do Brasil, ao contrário do que ocorreu nas colônias francesas, inglesas e espanholas das Antilhas, não existiram códigos sistemáticos de leis que incluíssem a questão da alimentação dos escravos – objeto de ordens reais esporádicas e ineficazes –, mas é evidente que, de algum modo, era preciso organizar o abastecimento de alimentos para os cativos.[70]

Do que podemos inferir que o conceito da brecha camponesa surgiu mais da necessidade de complementação ou de economia na alimentação do plantel de escravos do que de um impulso que tivesse por objetivo básico controlar insurreições ou prover conforto psicológico. Como dito mais acima, consideramos que tal conforto seria melhor provido através do fornecimento de

---

69   Ibid., p. 138.
70   Ibid., p. 139.

alimentação e vestuário para os escravos, ao contrário de fazer com que estes, já com jornadas de trabalho extensas e extenuantes, tivessem "garantidos", por lei, dias em que pudessem conseguir produtos para a sua própria subsistência.

Citando passagens de Stuart Schwartz e de Henry Koster, Ciro Cardoso pretende demonstrar certa normalidade na concessão de tempo livre e de áreas para cultivo próprio. A passagem de Schwartz refere-se a um já bastante citado pela historiografia brasileira evento da "rebelião" escrava do engenho de Santana, na Bahia, a partir da qual os cativos produziram documento que reiterava o interesse em que lhes fossem concedidos direitos para plantar em benefício próprio. No caso da passagem de Henry Koster, que observou um engenho que pertencia a frades beneditinos, ela afirma que os casamentos entre escravos eram encorajados já desde a primeira juventude, pois só após o casamento é que lhes seria permitida a lide nas parcelas de terra concedidas. E, após terem lidado com esta cultura agrícola por toda a vida, poderiam legar, então, a posse da parcela para quem interessasse.

Ciro Cardoso considera que a passagem descreve um caso que, "à primeira vista, parece atípico", mas que a possibilidade do legado pode ser observada em fontes bem documentadas.

Nesta altura é de se considerar se realmente os casamentos entre escravos eram incentivados de maneira geral nas áreas coloniais. Ao que nos parece, isso não ocorreu, devido a variado número de fatores econômicos envolvidos no cálculo de custos do senhor de escravos. Como já afirmava Gorender, na maioria das situações era mais barato ao senhor comprar escravos do que incentivar a "criação" endógena, desde que à frente de uma procriação se estendiam anos de "investimento" até que a criança estivesse formada e pudesse laborar.[71]

No sentido de que o casamento não era uma instituição promovida pelos senhores, Kátia Mattoso afirma que a

---

71 GORENDER, Jacob. *Op. Cit.* p. 350.

"exortação" ao casamento era uma atitude que surgia da igreja, e não dos proprietários:

> Aqui, apesar das exortações da Igreja, seu senhor mostra-se pouco interessado em vê-lo casado. [...] Comprar negros adultos é mais barato do que criar filhos de escravos: a mortalidade infantil é grande e, além disso, é preciso esperar 10 ou 15 anos para que eles comecem a produzir.[72]

Parece-nos que, de certa maneira, o funcionamento dos engenhos que eram controlados por religiosos, como nos casos observados e citados nas passagens de que Ciro Cardoso se utiliza, era peculiar e, portanto, a projeção de suas regras internas para o que ocorria no restante do continente deve ser feita com cautela.

No entanto, é preciso dizer, Ciro Cardoso apresenta variados exemplos de concessões de fato e de documentações referentes a como os escravos dispunham do tempo permitido para a produção em parcelas, isto é, o que produziam nelas. A maioria dos exemplos, porém, são hauridos de outras localidades senão o Brasil, de onde, por outro lado, brotou o "padrão" de engenhos de governança religiosa, com a ressalva, portanto, do considerado acima acerca de seu funcionamento.

Apesar do referido artigo de Ciro Cardoso ser relativamente curto, amparado pelos exemplos e documentações que apresenta conclui o autor estar suficientemente provada a hipótese de uma "brecha camponesa", que teria o benefício de matizar uma "visão monolítica" da escravidão (esta crítica, certamente, é dirigida a Jacob Gorender),[73] sem, no entanto, deixar de ressaltar que não vê na "brecha" a capacidade de colocar em dúvida o próprio sistema escravista. Neste sentido:

---

72 MATTOSO, Kátia M. de Queirós. *Ser Escravo no Brasil*. São Paulo: Brasiliense, 2003, p. 126.
73 GORENDER, Jacob. *Op. Cit.* p. 39.

> Finalmente, continuamos achando que seria um grande exagero querer transformar este aspecto – importante sem dúvida – do escravismo americano num argumento favorável à afirmação de que o escravo deve ser visto como um "servo", ou como um "proletário". A "brecha camponesa" nuança mas não põe em dúvida o sistema escravista dominante.[74]

O escravo não poderia, portanto, ser chamado de "servo", tampouco de "proletário". Mas seria, pelo próprio autor, chamado de "camponês", como poderemos observar mais à frente.

Jacob Gorender, de seu lado, refuta agressivamente a suposta existência de uma "brecha camponesa" sem, no entanto, negar que houve exploração de parcelas por parte de escravos. O faz, neste sentido, recorrendo aos conceitos de modo de produção e formação social que são inferidos da teoria marxista. Afirma, portanto, que a abordagem a respeito de tais explorações em benefício próprio adquirem um caráter confuso, embaralhado na ausência da aplicação dos conceitos que o próprio Ciro Cardoso propôs fossem utilizados.

Neste sentido:

> Enquanto modo de produção constitui uma totalidade orgânica específica de forças produtivas e de relações de produção, a formação social pode abranger vários modos de produção articulados sob a dominância de um deles, incluindo ainda em seu conceito as instâncias ideológicas e institucionais da superestrutura. Formações sociais escravistas da antiguidade e da época moderna tiveram variados tipos de atividade camponesa, que abrangeram, às vezes, proporções avantajadas da população. À exceção talvez de algumas dentre as pequenas Antilhas, as formações sociais escravistas nunca foram totalmente preenchidas pelo modo de produção escravista, ao ponto de

---

74 CARDOSO, Ciro Flamarion Santana. *Op. Cit.* p. 150.

excluir a presença de formas camponesas, dependentes ou não.⁷⁵

Gorender a seguir afirma que, para as regiões escravistas americanas, as formas camponesas "não representaram *brecha* alguma", *por não fazerem parte da estrutura* do modo de produção escravista colonial.

Afirma que, no Brasil escravista, constituiu-se um modo de produção de pequenos cultivadores não escravistas que continha, entre outros, pequenos sitiantes, posseiros, agregados etc. e que representam camponeses – no entanto conformando a classe camponesa possível dentro de uma formação social escravista. Neste sentido, um modo de produção camponês, ou pequeno cultivador, deveria ser necessariamente antagônico ao modo de produção escravista colonial, desde que os dois se apresentassem na mesma formação social escravista colonial, o que de fato aconteceu.

Assim, certa parte da população – em alguns momentos significativa parte – funcionando e produzindo como camponeses não representa brecha, ou falha, ou ruptura do modo de produção dominante escravista colonial. Apenas, como foi possível observar em outros momentos históricos, modo de produção diverso e secundário, no entanto dentro da mesma formação social do dominante.

Em relação aos quilombolas, Gorender afirma que, mesmo em aberto antagonismo com o escravismo, não impediram que este último continuasse crescendo e se desenvolvendo de acordo com as determinações internas de suas leis específicas e com a demanda do mercado mundial para seus produtos e "marginalizados e perseguidos pela formação social escravista, com a qual, não obstante, podiam manter vínculos de

---

75 GORENDER, Jacob. Questionamentos sobre a Teoria Econômica do Escravismo Colonial. In: *Estudos Econômicos. Economia Escravista Brasileira*. São Paulo: IPE/USP, n. 13, jan.-abr., 1983, p. 18.

intercâmbio, não introduziram qualquer alteração no modo de produção escravista colonial em si mesmo".[76]

Por fim, a respeito da lista de pequenos produtores trazida à baila por Ciro Cardoso, Gorender se detém naqueles que, em seu entendimento, fazem parte de um fenômeno que pertence à estrutura do modo de produção escravista colonial: os escravos que cultivavam pequenas produções dentro do âmbito da grande plantagem. Por estarem inseridos na estrutura do modo de produção dominante, não indicariam, segundo o autor, um "falso problema" como os demais. Assim, portanto, tal fenômeno deve ser analisado frente a sua possibilidade ou não de ser compatível com o conceito da brecha camponesa. Ou seja, se os outros produtores não representam maiores problemas para a análise, segundo o autor, por outro lado, seriam os produtores escravos dentro da plantagem compatíveis com a chamada brecha camponesa?

Como já afirmado anteriormente, Gorender parte ao ataque a partir da diminuição da importância relativa deste tipo de produção, a dos escravos em parcelas de terra no interior da plantagem. Afirma, além, que Ciro Cardoso baseou-se em dados referencias de bibliografia secundária, neste ponto colocando em dúvida diretamente o método deste historiador. Afirmando tratar-se primordialmente de produção voltada para o consumo de autossubsistência, e apenas eventualmente direcionada para a comercialização, considera que sua ocorrência foi mais rara nos Estados Unidos, pois que lá as plantagens eram mais organizadas internamente no que diz respeito à produção dos produtos necessários à manutenção do plantel de escravos e, por outro lado, os plantadores do Sul tinham acesso à abundante produção de grãos das produtivas fazendas do Norte do país.

---

76 Ibid., p. 19.

Em relação à afirmação de Ciro Cardoso a respeito de que não há, no Brasil, documentação suficiente para que se possa desenhar um quadro mais completo a respeito da produção em parcelas efetuada por escravos, Gorender afirma que ele mesmo ofereceu bibliografia extensa a respeito,[77] reconhecendo embora que o assunto merece novas pesquisas e tratamento monográfico especial. No entanto, a análise desta bibliografia permite, de acordo com o autor, que a prática de fornecer ao escravo um dia da semana para que este produza em uma parcela de terra foi acontecimento irregular em toda a extensão da área de produção açucareira:

> Enquanto muitos engenhos não concediam o lote e alimentavam os escravos com plantios próprios e/ou compra de gêneros, nos demais, que o facilitavam aos escravos, o cultivo do lote ficava prejudicado, senão interrompido nos períodos de safra, quando as jornadas de trabalho podiam prolongar-se até dezoito horas e os dias de descanso eram muito espaçados.[78]

Entretanto, considera que nas plantagens de algodão e café parece ter sido mais constante o acesso às parcelas e o cultivo por parte de escravos, por motivos de que as exigências de trabalho neste tipo de monocultura eram menores do que no sistema açucareiro e, ainda assim, mesmo naqueles tipos de fazendas estaria bem documentado que os proprietários se organizavam sistematicamente para cultivar os produtos necessários à subsistência dos plantéis de escravos, desviando para esta atividade até um quinto da força de trabalho disponível, o que, neste caso, diminui ainda mais a importância relativa da produção das parcelas, que, desse modo, "apenas fornecia aos escravos recursos acessórios". Adicionalmente, nunca se afastando de um quedar

---

77 Ibid., p. 20.
78 Id., Ibid.

mais econômico, Gorender afirma, entendemos que com razão, que a concessão de lotes para produção autônoma dos escravos favorecia, em última instância, os próprios senhores, "uma vez que obrigava o escravo a trabalhar mesmo no dia consagrado ao descanso a fim de suprir uma parte do produto necessário à auto-subsistência. Com isso está claro, elevava-se o grau de exploração do trabalho escravo".[79]

Gorender, ao mesmo tempo em que admite ter sido possível haver por parte dos escravos um impulso à possibilidade de cultivar seus próprios produtos, afirma, em contraposição à importância relativa que seria de se conceder à "brecha", que os resultados obtidos com esta agricultura não foram capazes de causar qualquer tipo de alteração na estrutura e dinâmica do modo de produção escravista colonial.

Ao citar a passagem de Ciro Cardoso que afirma ser o sistema de plantagem escravista estruturalmente dividido em dois setores, quais sejam, o escravista dominante e o camponês subordinado, operado pelos próprios escravos no âmbito daquela plantagem, Gorender analisa ser essa explanação a definitiva no sentido de um entendimento de uma "dicotomia de sistemas" acrescentando, em seguida, que o primeiro autor evitou o termo "modo de produção", que seria o correto a ser utilizado. Neste esteio, não é incomum que trabalhadores presentes em uma determinada formação social transitem entre modos de produção distintos que nela se encontram, antagônicos ou não, o que, por sua vez, não representa "brecha" no dominante. Porém, esta lógica de comportamento *não se aplica* ao escravo cultivador de parcelas: ele não deixa de ser escravo enquanto lavrador autônomo naquele tempo que lhe é concedido. Adicionalmente, mantém-se no mesmo tipo de relação de produção anterior, obedecendo ao mando do senhor, e a parcela concedida está, por

---

79 Ibid., p. 21.

sua vez, estruturalmente ligada à área da plantagem escravista, ou seja, "o lote estava organicamente entrosado na estrutura do modo de produção escravista colonial, não se tratando de dois sistemas, porém de um único".[80]

É interessante a argumentação de Gorender no que diz respeito à comparação das relações de produção existentes no feudalismo e no escravismo colonial, na instância da produção independente dos lotes de terra pelos cativos. Sua argumentação vai no sentido de que, desde que passemos a reconhecer que no âmbito da estrutura escravista colonial havia dois sistemas independentes inseridos em apenas um modo de produção, qual seja este, o próprio modo de produção escravista colonial, seria necessário também admitir que, por exemplo, o feudalismo, sob o regime da corveia, subdividia-se em dois sistemas: "o do trabalho do camponês para si e o do trabalho deste mesmo camponês para o domínio senhorial". Com o que completa: "o que, do ponto de vista teórico, seria irrisório, pois teríamos um modo de produção dominante incapaz de reproduzir o gasto da força de trabalho mediante criação endógena do produto necessário, com o que ficaria inexplicado como conseguia criar o produto excedente".[81]

A passagem acima pode soar um pouco hermética, por razões de que o autor, só mais anteriormente, e apenas singularmente, afirma que Ciro Cardoso evitou a utilização do termo "modo de produção" e preferiu, ao invés, utilizar a palavra "sistema" na suposta dicotomia entre escravismo colonial e campesinato. Na verdade, o que pretende Gorender é dizer que dentro do feudalismo, por coerência lógica na aplicação dos conceitos e características observadas na estrutura escravista colonial, teríamos, sob o regime de corveia, dois modos de produção dentro de apenas um modo de produção, o que representaria, neste caso

---

80 Ibid., p. 24.
81 Id., Ibid.

então, a incoerência lógica. Ou seja, o camponês servo medieval produziria para si próprio, em seu tempo, um tanto resultado da quantidade de trabalho necessário, o que possibilitaria a sua subsistência. Após, então, trabalharia para o senhor. Se o modo de produção dominante, que é o feudal com a característica do trabalho obrigatório do servo para o senhor, não possui em sua estrutura a produção resultado do trabalho necessário, como então produziria o excedente? O modo de produção, portanto, deve sempre conter em seu funcionamento lógico a lei tendencial que afirma o trabalho necessário – suficiente para a subsistência do trabalhador, que então teria condições de continuar trabalhando – agora então gerando o excedente a ser apropriado pelo explorador.

Se uma formação social admite – e inclusive é historicamente representada por, com raríssimas exceções – diferentes modos de produção, mas o modo de produção deve ser único e seguir leis tendenciais próprias e singulares, logicamente deriva-se a conclusão de que não é possível que um trabalhador opere em dois modos de produção que estejam inseridos em um só, simplesmente porque, então, não haveria a duplicidade, mas a unidade, seja ela feudal ou escravista colonial.

Dessa maneira, os camponeses livres, por exemplo, presentes na colônia, operariam em um modo de produção secundário, o camponês. Mas o escravo, que estava restrito à plantagem e submetido às mesmas relações de produção, quando produz em nome próprio não poderia, neste caso, operar em modo de produção diverso do escravista colonial.

Devemos admitir que a análise das atividades de plantio e cultura em nome próprio é complexa a partir da teoria marxista e se inseridas no modo de produção escravista colonial. Porém, a solução parece-nos ser a correta o caminho da tentativa de integração destas atividades em uma teoria geral marxista do modo de produção específico da colônia. Apenas a direção tomada pelos autores se diferencia – Ciro Cardoso oferece interessante demonstração de dados concretos obtidos a partir de bibliografias primárias e predominantemente secundárias e sugere um lado camponês de maneira aparentemente um tanto apressada, talvez mesmo devido àquela complexidade. Jacob Gorender, por sua vez, não aceita um pulo afobado na integração dos dados no conjunto do complexo das relações tendenciais presentes no modo de produção escravista colonial. Devemos considerar, no entanto, que esta aparente "cautela" pode ser entendida, por outro lado, no sentido das críticas que este último autor costuma receber: a de ser "monolítico", ou seja, de não aceitar quaisquer variações provenientes de eventuais outras abordagens que não se enquadrem em sua própria teoria.

A argumentação final resultado da polêmica sobre a brecha camponesa basicamente se resume no fato de que Jacob Gorender, frente à real dificuldade da compatibilização descrita acima, resolve a questão diminuindo a importância do trabalho dos escravos nas parcelas – pelo lado da afirmação que o tempo gasto pelos cativos estava à mercê da determinação dos senhores, que por sua vez estavam condicionados por situações econômicas de conjunturas de alta e de baixa dos preços das mercadorias exportadas, e afirmando que Ciro Cardoso não sabe corretamente manipular as categorias marxistas de modo de produção e formação social.

Por sua vez, Ciro Cardoso, em sua obra *Escravo ou Camponês? O Protocampesinato Negro nas Américas*,[82] escolhe reiterar os dados previamente apresentados no artigo "A Brecha Camponesa no Sistema Escravista", com algumas adições no mesmo sentido das primeiras. Construído como uma forma de "resposta" às críticas feitas por Gorender, refaz praticamente o

---

82 CARDOSO, Ciro Flamarion Santana. *Escravo ou Camponês? O Protocampesinato Negro nas Américas*. São Paulo: Brasiliense, 2004.

mesmo caminho de seu artigo já citado, porquanto então não a incluiremos de maneira extensiva no presente texto, exceto por duas passagens significativas que, ao final, parecem assentar a conclusão da discussão.

A primeira se refere ao próprio termo "brecha". Na visão de Ciro Cardoso, Gorender a teria entendido com um sentido muito restrito, voltado erroneamente a uma "analogia com uma brecha na muralha de uma fortaleza assediada".[83] A seu ver, "brecha", por outro lado, refere-se apenas a um tipo de "espaço", um lugar onde o escravo teria a possibilidade de se movimentar com mais liberdade dentro do sistema escravista. Parece-nos uma solução um tanto peculiar, resumindo a anterior argumentação a um caráter predominantemente filológico.

A segunda resposta, referente à acusação de Gorender a respeito de sua incapacidade para manipular teoricamente as categorias modo de produção e formação social, conforma-se em um tipo de desprezo pela própria afirmação daquele, ao mesmo tempo em que deixa ao largo uma justificativa mais desenvolvida, quando afirma que "[...] não achamos que nos caiba discutir se usamos adequadamente ou não determinados conceitos e categorias – embora duvidemos da autoridade que se arroga para decidir a respeito [...]".[84] Apesar deste tipo de resposta não entrar no mérito da discussão e, de certa maneira, poder ser entendida como uma incapacidade do autor em oferecer uma contra argumentação sólida, por outro lado confere a ele um ar de dignidade e de solidez teórica, uma vez que foi Ciro Cardoso que primeiro manipulou aquelas categorias em favor de uma teoria do modo de produção colonial – teoria esta que foi louvada pelo próprio Jacob Gorender.

De um modo geral, a discussão acerca do papel do escravo como possuidor de liberdades naquilo que se relaciona com a

---

83 Ibid., p. 122.
84 Id., Ibid.

produção autônoma de lotes permanece aberta e, mesmo no surgimento de novos dados que permitem observar situações concretas em que essa produção teria ocorrido, não se encerrou no que diz respeito ao seu núcleo teórico das categorias marxistas.

3.3. O escravo como "sujeito de direito"?

Foi visto anteriormente que o escravo poderia ser – e efetivamente foi – considerado sujeito de delito. Mas poderia ele ser um sujeito de direito?

O marxismo, em sua perquirição do direito, mostra o âmago do arranjo jurídico que permeia a sociedade *na era contemporânea* e identifica o sujeito de direito, o cidadão moderno, como um reflexo necessário da reprodução capitalista. Dois grandes pensadores interpretaram o direito contemporâneo à luz do marxismo, explicando e expondo sua realidade e, mais significativo, suas origens: Piotr Stutchka e Evgeni Pachukanis.

O sujeito de direito moderno é livre para contratar um igual em relação à lei. Essa igualdade jurídica permite que a exploração do homem pelo homem aconteça via forma jurídica, ou seja, através do direito. Claro está que o direito moderno e o Estado que o põe são reflexos do modo de produção capitalista, e um resultado das revoluções liberais que o mundo assistiu a partir do século XVIII. No entanto, o direito não é somente um instrumento a serviço de uma classe dominante – mesmo que ele seja um instrumento da luta de classes, como determinou Stutchka[85] –, ele é, antes, um equivalente da forma mercantil do capitalismo.

Apesar da luta de classes ocorrer perpassada pelo direito, e ele servir dentro de sua conformação àquela que está no poder, como determinou Stutchka, qual é o verdadeiro motivo desta

---

[85] STUTCKHA, Piotr. *Direito de Classe e Revolução Socialista*. São Paulo: Sundermann, 2009.

luta acontecer sempre na mesma forma, isto é, sempre pela forma jurídica? Pachukanis fornece uma leitura completa do fenômeno da forma jurídica na medida em que determina sua equivalência à forma mercantil do capitalismo.

Pachukanis afirma que toda relação jurídica é uma relação entre sujeitos, e que o sujeito é o átomo, neste sentido, da teoria jurídica.[86] Ou seja, para que os indivíduos possam "livremente" contratar e, deste modo, permitir ao capital uma circulação mais eficiente, eles precisam ser sujeitos de direito, ter a liberdade formal de comprar e vender, mas também de venderem-se como força de trabalho.

Considerando a aquisição originária da coisa dentro de uma estrutura social, Pachukanis afirma:

> Mas esta relação [a aquisição do produto] só assume a forma jurídica da propriedade privada em um determinado momento de desenvolvimento das forças produtivas e da divisão do trabalho que lhe é correspondente [...]. Afirmo, apenas, que a propriedade privada se torna fundamento da forma jurídica enquanto livre disposição de bens no mercado. A categoria sujeito serve, então, precisamente, como expressão geral dessa liberdade.[87]

Assim, a "elevação" do indivíduo à condição de sujeito de direito é que permite a circulação de mercadorias, é o que concede ao capital sua almejada livre circulação.

Mas esta troca de mercadoria, e mesmo o ato de contratar, não é uma característica exclusiva do capitalismo. O que torna o sujeito de direito e a forma jurídica que o contém uma criação do capital?

Marx considerava *historicamente* a forma social. De acordo com Pachukanis, "explica as condições materiais,

---

86 PACHUKANIS, E. B. *A Teoria Geral do Direito e o Marxismo*. Rio de Janeiro: Renovar, 1989, p. 81.
87 Ibid., p. 82.

historicamente determinadas, que tenham feito dessa ou daquela categoria uma realidade".[88] Ou, de acordo com Alysson Leandro Mascaro:

> O lastro da identificação do direito à circulação mercantil, Pachukanis o extrai da própria maneira pela qual Marx descobre os fundamentos da lógica do capital. Marx não analisa o capital começando de seus desdobramentos superiores e últimos. Sua perquirição para entender o mecanismo do capitalismo se dá a partir dos elementos mais básicos, primeiros, a partir dos quais se desdobram relações mais complexas. Assim sendo, Marx não explica o capitalismo a partir das grandes transações bancárias e da especulação financeira, mas sim dos mecanismos basilares da troca mercantil. Tais mecanismos põem em funcionamento uma máquina institucional que lhe é necessária e reflexa. Tal máquina e tais relações se desdobram e se refinam posteriormente. Mas, justamente por isso, em se tratando de um refinamento e de um desdobramento de uma mesma lógica, o núcleo dessa lógica está em sua existência simples. Todos os elementos da teoria geral do direito, como direito subjetivo, dever, responsabilidade, sujeito de direito, atrelam-se necessariamente à própria forma da mercadoria.[89]

Durante a história antiga e medieval, respectivamente momentos de predominância dos modos de produção baseados na escravidão e na servidão, a propriedade e a troca de bens eram tuteladas de maneira diversa àquela que é empregada no capitalismo. Aquelas bases e trocas não se valiam do direito como elemento estrutural, mas simplesmente acessório, quando presente.

Pachukanis lembra que "o escravo é totalmente subordinado ao seu senhor e é precisamente por essa razão que esta relação de exploração não necessita de nenhuma elaboração

---
88 Ibid., p. 83.
89 MASCARO, Alysson Leandro. *Op. Cit.* p. 472.

jurídica particular".⁹⁰ No capitalismo, por outro lado, a exploração se dá de uma forma mediata, intermediada pela forma jurídica que o estado assume.

Adicionalmente, a lógica de reprodução capitalista necessita que o capital circule de maneira que possa caminhar livremente em seu trajeto de acumulação sem que se deteriore. Para que essa circulação ocorra é necessário que todos os indivíduos numa sociedade sejam capazes de transacionar com o núcleo econômico do capitalismo, seu átomo, qual seja, a mercadoria, sendo eles mesmos, na equivalência da forma jurídica à forma mercantil do capitalismo, átomos da exploração quando em sua condição de cidadãos.

Mas o que dizer dos escravos presentes nas colônias americanas? Foi visto anteriormente que o modo de produção escravista colonial deu base a uma formação social historicamente nova e, portanto, ao mesmo tempo em que não pode ser confundido com o feudalismo, também não é capitalista. Dessa maneira, impossível pensar na presença e na operação do sujeito de direito da era contemporânea àquele tempo colonial, sujeito que é reflexo da forma mercantil a partir do momento em que o modo de produção capitalista torna-se totalizante no mundo. No entanto, a análise marxista do direito é presa ao mundo do ser, e não do "dever ser". Ou seja, são as condições concretas do relacionamento social que determinam a forma de ser do que pode ser entendido por direito, qual o seu objeto de regulação e seu alcance.

A partir da totalização do modo de produção capitalista há a universalização dos direitos subjetivos. Este é um processo duplamente equivalente e reflexo, definido na concretude das relações de produção. Ou seja, se há a presença do capitalismo e da mercadoria há também a existência do sujeito de direito. Desse

---
90 PACHUKANIS, E. B. *Op. Cit.* p. 82.

modo, na existência histórica de um modo de produção que antecipa historicamente o capitalismo, escravista e mercantil, poderíamos observar a possibilidade da presença de um sujeito de direito ainda não possuidor de plena igualdade jurídica, mas, ainda que não legal, real em seus atos e "negócios" do dia a dia?

A atividade do escravo em seu próprio benefício e em parcelas de terra cedidas para a finalidade da agricultura do cativo está bem documentada pelos historiadores. A questão da inserção do escravo no comércio interno da colônia também pode ser verificada em diversos relatos da historiografia, como Ciro Cardoso, em seu já citado livro *Escravo ou Camponês*, por exemplo, relata.

O autor cita, dentre outras documentações, aqui de maneira reduzida:[91]

- 1701: ordem real determinando que os senhores deveriam escolher entre duas opções: alimentar diretamente seus escravos ou conceder-lhes o sábado para o cultivo de lotes de subsistência, de maneira a guardar domingos e feriados.
- 1707: determinação do arcebispado da Bahia para que os senhores alimentassem seus negros. Mas na verdade o que realmente faziam eram ceder o tempo em domingos e feriados para que os escravos obtivessem comida e roupa.
- 1711: jesuíta Andreoni escreve que alguns senhores concedem um dia a cada semana para os escravos produzirem para si, *enviando um feitor para que se não descuidem*.
- 1760: abade do Rio de Janeiro escreve que todos os administradores deveriam dar ao menos um dia por semana para os escravos trabalharem em suas parcelas.

---

91 CARDOSO, Ciro Flamarion Santana. *Op. Cit.* p. 91-125.

- 1780: ex-administrador de engenho em Pernambuco defende-se de acusação a respeito de que os escravos não recebiam o tempo livre necessário para trabalhar em suas parcelas.
- 1784: monografia de Alexandre Ferreira: Os escravos trabalhavam de maneira autônoma, acumulam riqueza e compram cartas de alforria.
- 1789: condições, estabelecidas por escrito, de escravos fugitivos para voltar à fazenda (episódio do engenho de Santana, na Bahia).
- 1795: documentos gerados pela cobrança do dízimo mostram que de 347 assentamentos daquele ano, 32 mencionavam pagamentos relativos a roças de escravos.
- 1847: texto que trata como os escravos trabalhariam em seus pequenos lotes, mas o excedente deveria ser vendido para o próprio senhor.
- 1854: fazendeiros de Vassouras: "permitir aos escravos que tenham roças e se liguem ao solo pelo amor da *propriedade*" evitando revoltas e desordens.

Como afirma Stuart Schwartz:

> O costume de escravos produzirem seus próprios alimentos engendrou um intenso debate histórico e ideológico, grande parte do qual gira em torno das relações sociais entre a produção de alimentos dos escravos e o grau de autonomia com que os escravos podiam decidir a quantidade de mão-de-obra, a seleção da safra e a venda do excedente.[92]

Emendando que a questão sobre estas características constituírem a chamada "brecha camponesa" ainda está aberta, o importante a ressaltar na passagem acima é o fato de que a polêmica gira em torno do grau de autonomia dos escravos – e

---

92 SCHWARTZ, Stuart. *Escravos, Roceiros e Rebeldes*. Bauru: EDUSC, 2001, p. 154.

não no de que os cativos efetivamente produzissem e comercializassem – como, aliás, o próprio Jacob Gorender, maior crítico da teoria da "brecha", também reconhece. Aliás, também neste sentido, Eduardo Silva:

> Novos estudos, por toda parte, têm sugerido uma outra questão de maior importância: uma parcela não desprezível da população cativa foi capaz de operar com êxito dentro da economia de mercado. Embora o direito dos escravos ao pecúlio só tenha sido reconhecido, em lei formal, muito tardiamente (1871), ele sempre existiu na prática. Com efeito, alguns escravos puderam, à custa de duro empenho, acumular o capital necessário para retirar-se, enquanto pessoa, do rol dos instrumentos de produção.[93]

Ora, exemplos não faltam referentes a escravos, anteriormente à previsão legal, atuando no sentido de acumular riqueza e também legando seu excedente ou o direito de trabalhar parcelas de terra. No entanto, não pode afirmar que tenham sido eles sujeitos de direito, ou portadores de direitos subjetivos na completude de suas relações sociais. Permaneceram atados, sim, às relações de produção presentes na colônia brasileira, que eram escravistas e, portanto, em última instância determinados pelo mando dos senhores.

---

93 SILVA, Eduardo; REIS, João José. *Negociação e Conflito: a Resistência Negra no Brasil Escravista*. São Paulo: Companhia das Letras, 1989. A lei nº 2.040, de 28 de setembro de 1871, a que se refere o autor supracitado, também conhecida como "lei do ventre livre", prevê em seu artigo 4º: "*Art. 4.º - É permitido ao escravo a formação de um peculio com o que lhe provier de doações, legados e heranças, e com o que, por consentimento do senhor, obtiver do seu trabalho e economias. O Governo providenciará nos regulamentos sobre a collocação e segurança do mesmo pecúlio. § 1.º - Por morte do escravo, a metade do seu peculio pertencerá ao conjuge sobrevivente, se o houver, e a outra metade se transmittirá aos seus herdeiros, na fórma da lei civil. Na falta de herdeiros, o peculio será adjudicado ao fundo de emancipação, de que trata o art. 3º.*" (BRASIL. LEI Nº 2.040, DE 28 DE SETEMBRO DE 1871. Declara de condição livre os filhos de mulher escrava que nascerem desde a data desta lei, libertos os escravos da Nação e outros, e providencia sobre a criação e tratamento daquelles filhos menores e sobre a libertação annaul de escravos. CLBR. 1871. Disponível em: <http://www.planalto.gov.br/ccivil_03/Leis/LIM/LIM2040.htm>. Acesso em: 20 jun. 2018).

No entanto, quando operando concretamente em um ambiente mercantil, na véspera histórica do capitalismo, ou seja, nas bordas e nas infiltrações iniciais mercantis, os escravos, mesmo que não sujeitos de direito reconhecidos pela legalidade, *eventualmente* se portavam como tais, em antecipação às profundas mudanças que se anunciavam no horizonte jurídico e político da colônia.

A condição real, observada na concretude das condições sociais, precede o arranjo político-jurídico que permite ao capitalismo a aplicação de sua força total na circulação e acumulação de riqueza. Neste sentido, não seria correto afirmar, por exemplo, que a abolição da escravidão, em 1888, tenha acontecido em antecipação e preparação para a implantação de um novo modo de produção prevalente e capitalista no País, mas antes ao contrário.[94] Inserido como nunca deixou de estar o Brasil no cenário mundial, apesar de apresentar a especificidade do modo de produção escravista colonial, reverberou as mudanças históricas que avizinhavam o capitalismo, e é possível dizer que, neste momento, algumas de suas características concretas de funcionamento estavam presentes.

Se o escravo não era a antecipação do proletário, como pretendia afirmar Antônio Barros de Castro, na realidade econômica social em alguns momentos poderia ser entendido como a antecipação de um sujeito de direito, mas não legalmente. É necessário ponderar, por outro lado, que tampouco se comportou como sujeito de direito de fato, se considerarmos a massa das relações de produção, de maneira muito prevalente escravista, mas eventualmente e circunstancialmente quando inserido no circuito mercantil.

---

94   Aliás, como mesmo afirma Marx, que a humanidade não se propõe problemas a não ser que para eles já se apresentem soluções, ou seja, "quando as condições materiais para resolvê-lo existem ou estão em vias de existir" (MARX, Karl. *Contribuição à Crítica da Economia Política*. São Paulo: Expressão Popular, 2008, p. 48).

CONCLUSÃO

O estudo sobre a formação econômica e social brasileira e de seus caracteres principais presentes durante o período colonial[1] sofreu ou se beneficiou de vários aspectos teóricos relacionados ao método ou ao tempo que se utilizaram ou em que se situaram os estudiosos do tema: se os autores situados em um tempo em que a escravidão ainda ocorria ou próximo de seu fim, se em perspectiva com o olhar voltado para o passado, se dentro da escola da sociologia, se pelo método marxista do materialismo histórico, os resultados daquela análise variaram demais).

No entanto, desde a tentativa da justificação da escravidão até a pretensão de estender o capitalismo para o modo de produção colonial, os diversos estudiosos se comportaram, afinal, como seus tempos os determinavam. Isso, a nosso ver, aponta

---

1 "Colonial" não significa necessariamente o interregno entre o "descobrimento" e a "independência". Politicamente, a partir de uma cronologia historiográfica de acontecimentos datados, poderíamos ser tentados a evitar o termo *colônia* depois de 1822. No entanto, tendemos a aceitar os termos de Ciro Cardoso, também em benefício da afirmação do materialismo histórico: *el término "colonial" se emplea en el sentido de definir una relación estructural de dependencia, y no en un sentido político; así, por ejemplo, la independencia de Brasil en 1822 no significó el derrumbe del modo de producción esclavista colonial en el país, donde siguió siendo dominante hasta más o menos 1850, para desaparecer solamente en 1888.* (CARDOSO, Ciro Flamarion Santana. Sobre los Modos de Producción Coloniais de América. In: ASSADOURIAN, C. S. et al. *Modos de Producción en América Latina*. 2. ed. Buenos Aires: Cuadernos de Pasado y Presente, 1974, p. 142-143).

a força do materialismo histórico que, por outro lado, fornece para esta pesquisa a indicação de quais sejam as interpretações mais corretamente ligadas à realidade concreta do que efetivamente representou o funcionamento da estrutura colonial.

Conquanto ligada à concretude das relações econômicas e sociais, a análise marxista, porém, não é oponível ao próprio conceito que ela afirma: observamos a influência do modelo esquemático stalinista, no momento histórico em que se situa, prejudicando o próprio correto desenvolvimento do método de Marx na medida em que os estudiosos inclinados àquela "determinação" tentaram o encaixe forçado da realidade brasileira aceitando o cerceamento de possibilidades a um dos cinco estágios "necessários" do desenvolvimento de modos de produção.

Como visto, esta tentativa de adaptação, por exemplo, do feudalismo ao caso brasileiro trouxe consigo inúmeras incongruências teóricas que não se resolveram dentro do próprio âmbito do marxismo. Desse modo, como solução conceitual, mas ainda também como trabalho em progresso, a teoria do modo de produção escravista colonial trabalhada por Ciro Flamarion Cardoso e Jacob Gorender permanece como única possibilidade concreta para a efetivação de uma *teoria geral* dos modos de produção coloniais americanos. Teoria geral esta que parece-nos ainda longe de ser completada, impressão que se reforça na observação da evolução da pesquisa historiográfica trazendo a lume novos documentos relativos ao período colonial, inserindo nesta análise antes desconsideradas variáveis ao quadro geral do funcionamento de nossa formação social escravista. Tais novas variáveis causaram, em certo sentido, a polêmica em torno da "brecha camponesa" e, tendo a análise marxista a pretensão de completude de elucidação, provocam novas necessidades de entendimento do mecanismo econômico, das inter-relações sociais, da escravidão como relação de produção, do escravismo como atividade comercial, da legislação e das instituições políticas presentes em nossa constituição.

Em relação à escravidão, as informações apresentadas pelos estudiosos da "brecha" serviram antes à investigação de novas formas de comportamento dos cativos. Pretendem demonstrar outras possibilidades para o entendimento de como os escravos poderiam se integrar na formação social escravista colonial. Mas ao mesmo tempo em que fornecem novos horizontes de pesquisa para a teoria do modo de produção da colônia, na medida em que enriquecem a observação da realidade, podem servir ao recrudescimento dos pensamentos que afirmam a "consenso" na escravidão ou a capacidade do cativo em se comportar como agente de mudanças sociais, como se observa no neopatriarcalismo de Kátia Mattoso, por exemplo, ou na teoria de Antônio Barros de Castro. Se os escravos obtinham a possibilidade de operar economicamente em nome próprio através do binômio negociação-acomodação, é possível entender que o espaço eventualmente conquistado por eles era resultado de uma relativa *liberdade* para demandar condições de existência e de trabalho ou do beneplácito dos senhores, patriarcas que se importavam com o bem de sua família – incluídos nela os escravos.

Tais afirmações, no entanto, podem ser refutadas pela apresentação de outros dados, neste sentido mais concretamente ligados à situação econômica da produção colonial, que apontam ser a "liberdade" do escravo, no que se refere a sua produção própria, uma variante diretamente ligada ao estado do mercado em que seu proprietário operava, como afirma Jacob Gorender. Ou seja, se o mercado para os produtos de exportação encontrava-se em conjuntura de alta, menos tempo os cativos teriam para cultivar suas próprias parcelas, pois o senhor os demandava em maior número de horas de trabalho na produção comercial. Esta abordagem demonstra a inclinação de Gorender à afirmação do domínio da esfera econômica sobre as relações sociais. Se de um lado brotam as críticas ao seu suposto comportamento "monolítico" e, neste sentido, economicista, por outro, sua posição é coerente com todo o restante de sua obra, que assevera a formação social como resultado do modo de produção dominante em determinado momento histórico, e o império das relações de produção escravistas – que variam em sua severidade, mas nunca deixam de funcionar.

Também, por outro lado, a observação dos dados históricos a respeito das atividades dos escravos assim como da interpretação que se deu a estas pode conduzir à tentação de afirmar terem os cativos *direitos subjetivos*. Ou seja, se a condição de negociação era necessária à manutenção do escravismo colonial e, portanto, permanente, os escravos poderiam ter conquistado o *direito* de trabalhar em parcelas próprias e de comercializar o eventual excedente que delas extraíssem. Se assumirmos a condição de sujeito de direito do escravo, é necessário que admitamos *outro tipo* de relação de produção na colônia escravista e, na medida em que as relações de produção são um dos pilares de um determinado modo de produção, temos de nos afastar da afirmação de um modo de produção escravista colonial específico.

Mas, neste sentido, então qual modo de produção estaria presente na colônia? As incongruências em relação à tentativa de assinalar o feudalismo no Brasil são demasiadamente intransponíveis. Capitalismo, portanto? O capitalismo, de seu lado, requer uma relação de produção que envolve indivíduos iguais juridicamente, estabelecida entre o salariado e o próprio capitalista. A própria impossibilidade da assunção de tal arranjo na colônia traz consigo o contrassenso da afirmação do sujeito de direito na figura do escravo. Deste modo, entendemos que a melhor abordagem sobre nossa formação pertence à teoria do modo de produção escravista colonial, e à afirmação da relação de produção escravista constrangendo o cativo à vontade de seu proprietário.

Cabe reafirmar, por fim, o estágio de ainda evolução da pesquisa que possibilitaria, eventualmente, a descrição exata da condição do escravo na colônia. A escolha pela proeminência da teoria do modo de produção escravista colonial e das relações de produção exclusivamente escravistas também servem ao afastamento, até que aquela pesquisa se complete, da "reabilitação" da escravidão por influência de um atual pensamento neoliberal.

REFERÊNCIAS

BRASIL. LEI Nº 2.040, DE 28 DE SETEMBRO DE 1871. Declara de condição livre os filhos de mulher escrava que nascerem desde a data desta lei, libertos os escravos da Nação e outros, e providencia sobre a criação e tratamento daquelles filhos menores e sobre a libertação annual de escravos. CLBR. 1871. Disponível em: <http://www.planalto.gov.br/ccivil_03/Leis/LIM/LIM2040.htm>. Acesso em: 20 jun. 2018.

_____. Conselho Federal de Contabilidade. Resolução CFC nº 1177, de 24 de julho de 2009. Aprova a NBC TG 27 – Ativo Imobilizado. Disponível em: <http://www.crcsp.org.br/portal_novo/legislacao_contabil/resolucoes/Res1177.htm>. Acesso em: 25 out. 2012.

CANABRAVA, Alice P. *História Econômica: Estudos e Pesquisas*. São Paulo: HUCITEC; UNESP; ABPHE, 2005.

CARDOSO, Ciro Flamarion Santana. *A Afro-América: A Escravidão no Novo Mundo*. 3. ed. Coleção Tudo é História. Livro n. 44. São Paulo: Brasiliense, 2010.

_____. *A Brecha Camponesa no Sistema Escravista. Agricultura, Escravidão e Capitalismo*. Petrópolis: Vozes, 1979.

_____. *Agricultura, Escravidão e Capitalismo*. Petrópolis: Vozes, 1979.

CARDOSO, Ciro Flamarion Santana. *Escravo ou Camponês? O Protocampesinato Negro nas Américas.* São Paulo: Brasiliense, 1987.

_____. Sobre los Modos de Producción Coloniais de América. In: ASSADOURIAN, Carlos Sempat et al. *Modos de Producción en América Latina.* 2. ed. Buenos Aires: Cuadernos de Pasado y Presente, 1974.

CARDOSO, Fernando Henrique. *Capitalismo e Escravidão no Brasil Meridional. O Negro na Sociedade Escravocrata do Rio Grande do Sul.* São Paulo: Paz e Terra, 1997.

CASTRO, Antônio Barros de. A Economia Política, o Capitalismo e a Escravidão. In: AMARAL LAPA, José Roberto do (Org.). *Modos de Produção e Realidade Brasileira.* Petrópolis: Vozes, 1980.

COUTINHO, Carlos Nelson. Uma Via "Não Clássica" para o Capitalismo. In: D'INCAO, Maria Angela (Org.). *História e Ideal: Ensaios sobre Caio Prado Júnior.* São Paulo: UNESP, 1989.

FREYRE, Gilberto. *Casa Grande e Senzala.* São Paulo: Global, 2011.

GORENDER, Jacob. *A Escravidão Reabilitada.* São Paulo: Ática, 1991.

_____. O Conceito de Modo de Produção e a Pesquisa Histórica. In: AMARAL LAPA, José Roberto do (Org.). *Modos de Produção e Realidade Brasileira.* Petrópolis: Vozes, 1980.

_____. *O Escravismo Colonial.* São Paulo: Perseu Abramo, 2010.

_____. Questionamentos sobre a Teoria Econômica do Escravismo Colonial. In: *Estudos Econômicos. Economia Escravista Brasileira.* n. 13, jan.-abr., São Paulo: IPE/USP, 1983.

IANNI, Octávio. A Dialética da História. In: D'INCAO, Maria Angela (Org.). *História e Ideal: Ensaios sobre Caio Prado Júnior.* São Paulo: UNESP, 1989.

LEPKOWSKI, Tadeusz. *Haiti.* Tomo I. Havana: Casa de las Américas, 1968.

LUNA, Francisco Vidal. Estrutura da Posse de Escravos em Minas Gerais (1718). In: BARRETO, A. E. M. et al. *História Econômica: Ensaios.* São Paulo: IPE/USP, 1983.

MARX, Karl. *Contribuição à Crítica da Economia Política*. São Paulo: Expressão Popular, 2008.

_____. *Grundrisse. Manuscritos Econômicos de 1857-1858. Esboços da Crítica da Economia Política*. São Paulo: Boitempo, 2011.

_____. *O Capital*. 6 volumes. São Paulo: Abril Cultural, 1983.

MASCARO, Alysson Leandro. *Filosofia do Direito*. São Paulo: Atlas, 2010.

MATTOSO, Kátia M. de Queirós. *Ser Escravo no Brasil*. São Paulo: Brasiliense, 2003.

NAVES, Márcio Bilharinho. *Marx, Ciência e Revolução*. São Paulo: Moderna; Campinas: Editora Unicamp, 2000.

NOVAIS, Fernando A. *Estrutura e Dinâmica do Antigo Sistema Colonial*. 5. ed. São Paulo: Brasiliense, 1990.

ODÁLIA, Nilo. *As Formas do Mesmo: Ensaios sobre o Pensamento Historiográfico de Varnhagen e Oliveira Vianna*. São Paulo: UNESP, 1997.

PACHUKANIS, Evgeni. B. *A Teoria Geral do Direito e o Marxismo*. Rio de Janeiro: Renovar, 1989.

PRADO JÚNIOR, Caio. *Formação do Brasil Contemporâneo – Colônia*. 23. ed. São Paulo: Brasiliense, 2004.

_____. *História Econômica do Brasil*. São Paulo: Brasiliense, 2008.

RICUPERO, Bernardo. *Sete Lições sobre as Interpretações do Brasil*. São Paulo: Alameda, 2008.

SCHWARTZ, Stuart. *Escravos, Roceiros e Rebeldes*. Bauru: EDUSC, 2001.

SILVA, Eduardo; REIS, João José. *Negociação e Conflito: a Resistência Negra no Brasil Escravista*. São Paulo: Companhia das Letas, 2009.

SIMONSEN, Roberto C. *História Econômica do Brasil: 1500-1820*. Brasília: Edições do Senado Federal, 2005.

STUTCKHA, Piotr. *Direito de Classe e Revolução Socialista*. São Paulo: Sundermann, 2009.

VIANNA, Oliveira. *Populações Meridionais do Brasil*. Belo Horizonte: Itatiaia, 1987.
WILLIAMS, Eric. *Capitalismo e Escravidão*. São Paulo: Companhia das Letras, 2012.

Esta obra foi composta em CTcP
Capa: Supremo 250g – Miolo: Pólen Soft 80g
Impressão e acabamento
Gráfica e Editora Santuário